Jürgen Bona Meyer

Gegen den Entwurf eines Volkschulgesetzes

Ein Mahnruf an Preussens deutsches Gewissen

Jürgen Bona Meyer

Gegen den Entwurf eines Volkschulgesetzes
Ein Mahnruf an Preussens deutsches Gewissen

ISBN/EAN: 9783744699044

Hergestellt in Europa, USA, Kanada, Australien, Japan

Cover: Foto ©ninafisch / pixelio.de

Weitere Bücher finden Sie auf **www.hansebooks.com**

Gegen den Entwurf eines Volksschulgesetzes.

Ein Mahnruf

an

Preußens deutsches Gewissen

von

Dr. Jürgen Bona Meyer,
Geheimer Regierungsrath
und ordentl. Professor der Philosophie und Pädagogik
an der Universität Bonn.

Bonn
Verlag von Friedrich Cohen
1892.

Ausgearbeitet auf Grund der am 14. Februar auf der Hauptversammlung des liberalen Schulvereins für Rheinland und Westfalen zu Düsseldorf und am 22. Februar im liberalen Bürgerverein zu Bonn gehaltenen Reden. —

Fürst Bismarck hat am 16. April 1875 im Abgeordneten=
hause erklärt: — „nach erlangtem Frieden mit Rom werde er,
so lange ihm das Leben gegeben sei, dazu beitragen, den Kampf,
den aggressiv zu führen wir eine Weile genöthigt gewesen seien,
demnächst nur defensiv fortzusetzen und die Aggression mehr der
Schulbildung als der Politik zu überlassen".

Recht verstanden war dies ein gutes Wort, von dem Viele
von uns nur wünschen können, daß es Wahrheit geworden wäre.

Schon beim Ausbruch des Kulturkampfes hat es Manche
auch in unsern Reihen gegeben, welche der Ansicht waren, es
wäre von vornherein besser gewesen, wenn sich die Regierung
darauf beschränkt hätte, selbstständig eine feste unverrückbare
Grenzlinie zu ziehen gegen kirchliche Uebergriffe auf staatliche
Gebiete und vor allem auf das Gebiet des staatlichen Schul=
wesens, ohne zugleich politische Aggressionen vorzunehmen auf
kirchliches Gebiet, in der Hoffnung, dadurch Nachgiebigkeit gegen
die staatlicherseits gestellten kirchenpolitischen und schulpolitischen
Forderungen zu erzwingen.

Manche haben schon damals gedacht, es wäre richtiger ge=
wesen, von solchen Schutzgesetzen gegen kirchliche Uebergriffe abzu=
sehen, zu deren Ausführung irgend eine nicht erzwingbare Leistung
der Kirche erforderlich, denen passiver Widerstand wirksam
entgegen zu setzen möglich sei. Das war auch meine Ansicht;
niemals würde ich einem Gesetze zugestimmt haben, das auf die
ohne staatliche Zulassung erfolgte Ausübung kirchlicher Hand=
lungen Strafen verhängte; ich war überzeugt, daß damit nur
Märtyrer in den Augen der Kirchengläubigen geschaffen und
daß die betroffenen Kreise nur noch enger dadurch zusammen=
geschlossen werden müßten. Nachdem aber die Gesetze regelrecht

gegeben worden, galt es nur noch einen Kampf um die Autorität des Staates oder der Kirche. Da war es für mich keine Frage mehr, auf welcher Seite Stellung zu nehmen sei. Mit aller mir zu Gebote stehenden Kraft habe ich gesucht meiner Staatspflicht zu genügen. Jede Aggression gegen Kirche und Religion hat mir jederzeit fern gelegen und es ist sicher nie ein unehrerbietiges Wort in dieser Richtung über meine Lippen gekommen. Kirchliche Ansprüche habe ich stets nur bekämpft, sofern sie mir als unberechtigte Uebergriffe auf staatliches Gebiet erschienen sind. Zu diesen Gebieten aber rechnete ich stets vor Allem das staatliche Schulwesen. Mein Bemühen war, in Wort und Schrift darzulegen, was auf diesem Gebiet zu thun nöthig sei.

Dazu gehörte nun in erster Linie die folgerichtige Durchführung des Gedankens, daß Ordnung und Leitung des öffentlichen Schulwesens Aufgabe des an sich religions- und konfessionslosen oder — wenn man lieber will — interreligiösen und interkonfessionellen Staates sei, daß demgemäß die Staatsregierung allen Religionsgemeinschaften wohl eine dem Schulwesen dienliche Mitwirkung bei der Ordnung und Leitung desselben zugestehen, in keinem Gebiete des öffentlichen Schulwesens aber eine Mitherrschaft einräumen könne. Kurz gesagt — die befreiende Arbeit der Staatsregierung mußte nach meiner Ansicht bestehen in der Wegräumung aller noch vorhandenen Ueberreste der veralteten Vorstellung, daß die Schulen Anhängsel der Kirchen seien.

Leider sind nun in dieser Richtung damals, als es passende Zeit war zur Gestaltung eines zeitgemäßen Schulgesetzes, nur Vorbereitungen zu einem solchen zu Stande gekommen, inzwischen aber nur halbe Maßregel ergriffen worden. Gar bald sind dann nach der Entlassung des Ministers Falk diese Maßregeln durch Rücksichten höherer Politik, durch fortwährend wechselnde Berechnungen der sich verschiebenden Parteiinteressen durchkreuzt worden, bis nun zuletzt die kaum betretenen Wege wieder ganz verlassen werden sollen. Die noch scharfen Waffen wurden auf dem Fechtboden niedergelegt zu etwa später wieder nöthig werdendem Gebrauch. Wir besorgten gleich, diese Wafsen möchten thatsächlich niedergelegt sein zum Verrosten, man werde sich nur zu bald der Nothwendigkeit ihres Gebrauches gar nicht mehr erinnern oder nicht mehr erinnern wollen. Wir haben damals gleich öffentlich wiederholt vorausgesagt, die Kosten eines so geführten und dann durch stückweise Abbröckelung der aufgetragenen Schutzwehren unterbrochenen Kampfes werde unzweifelhaft die Schule zu tragen haben. Wir sahen einen Rückschritt voraus noch hinter die Linie, von der man im Kampfe ausgegangen war.

Ein solcher Rückschritt liegt nun vor in dem jetzt dem Abgeordnetenhause zur Berathung und Beschlußfassung übergebenen Volksschulgesetzentwurfe.

Daß ich öffentlich darüber das Wort ergreife, sehe ich als eine Pflichterfüllung meinerseits an. Zunächst glaube ich damit eine Pflicht zu erfüllen gegen den Verein, dessen Vorsitzender zu sein ich nun schon über ein Jahrzehnt die Ehre habe. Schweigen in diesem Falle wäre Verleugnung unseres ganzen bisherigen Strebens und Mühens. Das im Januar-Monatsblatt des Vereins [1]) abgedruckte Verzeichniß der Vereinsleistungen zur Vorbereitung eines Volksschulgesetzes hat die Kundigen schon im Ueberblick daran erinnert, wie sehr wir bemüht gewesen sind in dieser Richtung unsere Schuldigkeit zu thun. Wir glauben, daß Alle, die jetzt berufen sind, in dem uns aufgedrungenen Kampfe in diesem Sinne mitzuwirken, hier manche gute, noch scharf geschliffene Waffe zum Kampfe finden können. Wir glauben sogar, daß die Gegner hier durch den dargelegten Thatbestand manche Kenntniß gewinnen könnten, welche sie zur Besinnung über den von ihnen jetzt eingeschlagenen falschen Weg bringen müßte.

Noch mehr aber fühle ich als Staatsbürger und als Mensch nach meinem besonderen Berufe als Lehrer der Pädagogik die Pflicht, mit aller mir zu Gebote stehenden Kraft vor einem Vorgehen zu warnen, das ich als unheilschwanger für unsere ganze Volksbildung und deshalb als gefährlich für unsern Staat und unser deutsches Vaterland halten muß.

Schwer fühle ich die Verantwortung, über dieses große Problem unseres öffentlichen Lebens — es giebt kaum ein wichtigeres — jetzt öffentlich zu reden. Die Entscheidung hat mir Gewissenssorgen genug gemacht. Wohin mich die Pflichterwägung geführt hat, ist daraus zu ersehen, daß ich nun das Wort ergriffen habe. Es ist mein Wunsch, nicht unnütz Oel auf das Feuer der schon erregten Leidenschaften zu gießen, sondern thunlichst in Ruhe mit sachlichen Gründen das große Problem zu erörtern. In stark aufgetragener Leidenschaft zu reden, ist überhaupt meine Art nicht. Ich bin immer der Meinung gewesen, wer für seine Sache gute Gründe hat, braucht die Leidenschaft der Worte nicht. Ich will also sine ira aber nicht sine studio, d. h. ohne Zorn aber nicht ohne Eifer über die uns vorliegende Sache reden; mein Eifer soll aber vor Allem Dem gelten, der Erkenntniß der Wahrheit die Bahn zu brechen oder doch wenigstens Etwas zu dieser Erkenntniß beizusteuern.

Der dem Abgeordnetenhause vorgelegte Volksschulgesetzentwurf ist nach meinem Urtheil ein bewundernswerthes Werk folgerichtiger Durchführung an sich falscher Grundgedanken.

Derselbe hat mich in dieser Beziehung mit großer Hochachtung vor dem Minister erfüllt, unter dessen unmittelbarer Weisung er jedenfalls entstanden ist, der auch mit tiefer Ueberzeugung von seiner Richtigkeit und in der Hauptsache ebenso mit großem Geschick denselben bisher vertheidigt hat. Wegen dieser unleugbaren Folgerichtigkeit in der Durchführung der Grundgedanken kann es aber nun nicht meine Aufgabe sein, den Entwurf mit seinen 194 Paragraphen einer durchgängigen Kritik im Einzelnen zu unterziehen. Es sind vielmehr die Grundgedanken selbst, die ich und hoffentlich recht Viele mit mir für falsch halten, zu bekämpfen; es kann nur meine Aufgabe sein, die Verkehrtheit dieser Grundgedanken, wie sie in den betreffenden Paragraphen des Entwurfes zum Ausdruck gekommen, in ruhiger Erwägung zu beweisen. Gegen diese falschen Grundgedanken richtet sich auch überall im ganzen deutschen Volke, nicht nur in Preußen, die Besorgniß aller liberal denkenden Vaterlandsfreunde und selbst mancher Männer von konservativer Denkungsart.

Die überall hervortretenden Bedenken richten sich vor Allem gegen die gesetzliche Festlegung des ausschließlichen, überspannten Konfessionalismus der Volksschule in Verbindung mit der Zulassung einer nur ungenügend begrenzten Unterrichtsfreiheit. Das Recht dieser Bedenken ließe sich nun unmittelbar erweisen an der Hand einer Betrachtung der einschlagenden Paragraphen des Entwurfes. Ich ziehe einen anderen Weg vor, ich will von der kurzen Feststellung der Grundsätze ausgehen, von denen unsere Kritik geleitet sein muß. Aus diesen einfachen Grundsätzen, die überdies schon seit mehr als hundert Jahren die anerkannten Grundsätze unseres Schulwesens sind, werde ich dann die Folgerungen ziehen, welche zu einer Verurtheilung der bedenklichsten Seiten des Entwurfes führen müssen.

Wer die Schulgeschichte aller Zeiten und Völker kennt, weiß genau, wie sehr es in der Natur der menschlichen Entwickelung liegt, daß zuerst Familienverbände, Hausväterschaftsverbände, Genossenschaften sich der Bildung des zukünftigen Geschlechtes annehmen. Nur bei einfacheren Kulturverhältnissen kann, so lange ein einheitlicher Volksglaube herrscht, auch auf diesen Wegen ein gewisses Maß einheitlicher Volksbildung erworben und festgehalten werden. Sobald aber die Kulturverhältnisse inhaltreicher und zwiespältiger in sich werden, muß die einheitliche Volksbildung Schutz suchen in der Anlehnung an eine die Einzelinteressen überragenden Gesammtmacht. Eine solche Macht boten, mit Ausnahme der Staaten China und Sparta, überall zuerst die religiösen Mächte der Tempel, Kirchen und Moscheen. In unserm christlichen Abendlande hat zuerst die katholische Kirche diese nothwendige Hülfe dargeboten. Wir wollen hier dahin gestellt sein lassen, was wir anderweitig schon oft geprüft haben[*]), wie viel unbestreitbares Verdienst dieser Kirche deshalb zukommt und wie viel Schuld andererseits sie selbst daran trägt, daß es schon zu Zeiten ihrer religiösen Alleinherrschaft in der Christenwelt anders ward und anders werden mußte.

An dem Aufkommen einer freien Wissenschaft an den Universitäten, an dem Aufkommen deutscher Schulen in unserm Lande, an dem Aufkommen selbstständiger Volksschulen überhaupt haben nach meinem Urtheil die Kirchen kein unzweifelhaftes

Verdienst mehr. Vor Allem aber muß für Jedermann unbedingt klar sein, daß die Kirche diesen Einfluß zur Gestaltung eines einheitlichen Schulwesens doch nur haben konnte, so lange die katholische Kirche wirklich war, was ihr Name besagt, eine christlich allgemeine Kirche. Nach der Kirchenspaltung war die Aufrechthaltung dieses Einflusses der nunmehr zwei oder drei Kirchen ganz unmöglich. Nach der kirchlichen Itio in partes mußte entweder die einheitliche Volksbildung zu Grunde gehen oder die Ordnung und Leitung mußte einer anderen das ganze Volk beherrschenden Macht zufallen und dies konnte nur die Staatsmacht sein, die überdies schon längst seit Karls des Großen Zeit angefangen hatte, für den Fortschritt der Volksbildung das Beste zu thun. Diese Anlehnung an die Staatsmacht wurde ferner begünstigt durch das lebendige Erwachen des nationalen Völkergedankens. Die christlich-katholische Kirche erstrebte und mußte erstreben eine universale, menschheitliche Bildung; das dem entsprechende Bildungsziel konnte dem erwachten Völkergedanken nicht mehr genügen. Die Völker forderten neben der allgemein menschlichen Ausbildung eine ihnen angemessene einheitliche Volksbildung. Die Bürgschaft aber einer ungetheilten Theilnahme für diese und die Bürgschaft eines höheren Schutzes für sie war nur noch bei der Staatsmacht zu finden. Dies mußte zugleich zur Stärkung der Staatsmacht dienen, denn es hob ihre Bedeutung. Mit Rücksicht darauf hat Friedrich der Große einmal mit vollem Rechte die Kirchenspaltung in Deutschland, die uns Deutschen sonst so überaus viel Leid gebracht hat, einen Segen genannt [3]). Friedrich der Große hatte damit auch deshalb Recht, weil allerdings die Kirchenmacht von jeher leicht an einer Einseitigkeit der vorzugsweise dem zukünftigen Jenseits zugewandten Betrachtung gelitten hat, bei welcher viele Seiten der für das Diesseits bestimmten Volksbildung verkümmern mußten und auch thatsächlich verkümmert sind. Die Staatsmacht aber muß naturgemäß eine gleiche Theilnahme für alle Richtungen des geistigen Lebens im Volke, dem sie dient, besitzen. Zu diesen Richtungen gehören unstreitig auch die religiösen und kirchlichen Interessen des Volkes, auch ihnen muß daher die Staatsmacht ihre rücksichtsvolle

Theilnahme zuwenden; jedoch nur soweit, als andere Bildungsinteressen des Volkes und das Gesammtinteresse des Staates dadurch nicht beeinträchtigt werden. Nur so vermag die Staatsmacht die nothwendige Ausgleichung der streitenden Einzelinteressen darzubieten.

Nun aber fallen die jeweiligen Staatsregierungen von Zeit zu Zeit immer noch wieder in die veraltete Anschauung zurück, sie kämen am besten zum Ziele, wenn sie sich auch bei der Ordnung und Leitung des öffentlichen Schulwesens vorzugsweise der Mithülfe kirchlicher Kräfte bedienten und darum auch den wirklichen oder selbst den vermeintlichen Bedürfnissen, Wünschen und Forderungen dieser Kreise möglichst (was dann mitunter bei ihnen so viel heißt wie möglichst weit) Rechnung trügen. Das hat sich noch jedesmal als verhängnißvoller Irrthum erwiesen und zu den für die Volksbildung nachtheiligsten Kämpfen um die Herrschaft über die Schule geführt. Waren dann in dieser Hinsicht einige Rückschritte gethan, so brachen die naturwidrig zurückgedämmten Wasser alsbald mit elementarer Gewalt wieder durch, und rissen dann mitunter auch gutes Land mit sich fort, das sich bei vorsichtiger Behandlung wohl hätte als tragfähig erhalten lassen. Die Menschheit kommt schließlich bei solchem Forthüpfen nach Art der Echternacher Springprozession auch noch vorwärts, aber die angenehmste, förderlichste und schnellste Art der Fortbewegung ist es jedenfalls nicht. Der Weltgeist muß der Menschheit noch eine lange Dauer gönnen, daß er solche Art des Fortschreitens so oft duldet. Höchst lästig ist dabei jedenfalls dies, daß Alle, auch die Nichtwollenden, diese Springprozessionen mitmachen müssen. In Echternach thut dies noch nur Derjenige, der sich Gewinn davon verspricht. Den Menschen nun, die darunter leiden, bleibt nichts Anderes übrig, als jederzeit mit erneuter Kraft für Dasjenige einzutreten, was sie als das zum Fortschritt Beste erkannt haben, und demgemäß ihre Gegner standhaft zu bekämpfen. Wer dies unterläßt, kommt sicher nie ans Ziel. So steht es nun jetzt auch hier, mag daraus werden was will. Machen wir nun von diesen Grundgedanken die rechte Anwendung auf die Beurtheilung des Volksschulgesetzentwurfes.

Durchaus entsprechend der so eben dargelegten Schulentwickelung hat schon das allgem. Landrecht in § 1 des Tit. 12 Thl. 2 von niederen und höheren Schulen bestimmt:

„Schulen und Universitäten sind Veranstaltungen des Staates, welche den Unterricht der Jugend in nützlichen Kenntnissen und Wissenschaften zur Absicht haben."

Wir sind einverstanden mit der inhaltlich reicheren Zweckbestimmung der Volksschule in dem vorliegenden Gesetzentwurf, dessen § 1 lautet:

Aufgabe der Volksschule ist die religiöse, sittliche und vaterländische Bildung der Jugend durch Erziehung und Unterricht, sowie die Unterweisung derselben in den für das bürgerliche Leben nöthigen allgemeinen Kenntnissen und Fertigkeiten.

Wir vermißten dabei nur die Erinnerung an den Grundgedanken des allgemeinen Landrechts. Daher waren wir sehr befriedigt, als der Abgeordnete Rickert in der Volksschulkommission dies nachholte durch Beantragung des Zusatzes:

„Die Volksschule ist eine Veranstaltung des Staates; sie steht unter seiner Aufsicht und bildet die gemeinsame Grundlage aller öffentlichen Unterrichtsanstalten."

Von diesem Antrag sind die beiden ersten Sätze mit allen Stimmen gegen 6 Stimmen angenommen worden.

Damit sind wir zufrieden, auch damit, daß sich dabei zugleich die grundsätzliche Scheidung der Geister gezeigt hat, die Scheidung Derer, die es mit dem Grundsatze des Staatsschulwesens halten wollen und Derer, die gern von demselben loskommen möchten und jedenfalls bemüht sein werden, seiner Durchführung möglichst viel Schranken zu ziehen. Die sechs ablehnenden Stimmen gehören natürlich dem Zentrum.

Dem also verbesserten § 1 des Gesetzentwurfes entspricht nun schon der § 2 desselben nicht mehr. Der § 2 lautet:

„Es müssen so viele Volksschulen vorhanden sein, als erforderlich sind, um diejenigen schulpflichtigen Kinder aufzunehmen, welche nicht anderweit genügenden Unterricht erhalten."

In Verbindung mit den später in § 81—83 des Gesetzes enthaltenen ungenügenden Bestimmungen für Privatunterricht läßt diese Allgemeinbestimmung äußerst bedenkliche Folgen zu, durch welche die Grundbestimmung des § 1 geradezu für eine kleinere oder größere Zahl von Gemeinden thatsächlich aufgehoben werden kann. Nach dieser Bestimmung des § 2 kann unter Umständen durch Errichtung von Privatschulen die Anordnung bürgerlicher Gemeindeschulen als überflüssig erklärt werden. Diese letzteren erscheinen darnach nur als Ergänzungen vorhandener Privatschulen oder als Lückenbüßer, wo diese fehlen. Wohin dies führen kann, hat uns Belgien gezeigt. Nach dem Schulgesetz Belgiens von 1842 war die bürgerliche Gemeinde auch nur allgemein verpflichtet darauf zu halten, daß für den Schulunterricht in der Gemeinde genügend gesorgt war, aber es stand der Gemeinde frei, diese Gemeindesorge als durch vorhandene Privatschulen erfüllt anzusehen und diese dann zu unterstützen. Dies begünstigte Bestand und Aufkommen der von der Kirche unterstützten Klerikalschulen, die dann in Belgien gar keiner Staatsaufsicht unterstanden. Solche Aufsicht wird nun zwar, wie wir zuversichtlich hoffen, in Preußen niemals aufgegeben werden; aber selbst mit dieser bleibt die gesetzliche Erleichterung zur Herbeiführung derartiger belgischer Zustände, bei welcher private Klerikalschulen kurzweg als genügender Ersatz für bürgerliche Gemeindeschulen gelten, bedenklich genug.

Zu meiner Freude erwacht die Erkenntniß dieser Gefahr auch innerhalb der konservativen Partei. Der ungenannte Verfasser der jüngst erschienenen Schrift: „Die Privatschule nach dem Entwurfe des Volksschulgesetzes. Ein Mahnwort eines Konservativen, Berlin, J. Reuther" — bemerkt in dieser Beziehung treffend:

„Nach dem Entwurfe ist rechtlich die Möglichkeit der Beseitigung der öffentlichen Schulen durch das Privatschulwesen gegeben. § 2 des Entwurfs sagt: „Es müssen so viele Volksschulen vorhanden sein, um diejenigen schulpflichtigen Kinder aufzunehmen, welche nicht anderweit genügenden Unterricht erhalten." Hieraus ergibt sich, daß öffentliche Volksschulen nur dann und nur so weit vorhanden sein müssen, als die schulpflichtigen Kinder nicht anderweit genügenden Unterricht empfangen. Ist für ihre Erziehung anderweit gesorgt, so kann die Errichtung oder Unterhaltung einer öffentlichen Volksschule zwangsweise nicht mehr gefordert werden. Unzweifelhaft folgt dies aus § 2 für die Errichtung neuer öffentlicher Schulen. Die gesetzliche Voraussetzung für die Errichtung einer öffentlichen Schule fehlt, sobald das vorhandene Bedürfniß durch Privatschulen gedeckt ist. Dasselbe gilt aber auch von der Unterhaltung bestehender öffentlicher Schulen. Es folgt dies ebenfalls aus den Worten des § 2: es müssen so viele Volksschulen vorhanden sein als u. s. w. Sind Privatschulen in genügender Zahl vorhanden, so müssen die öffentlichen Schulen eben nicht mehr vorhanden sein. Die vorhandenen öffentlichen Schulen können zwar von den Schulunterhaltungspflichtigen noch als solche aufrecht erhalten werden, ein Zwang hierzu kann aber nicht mehr ausgeübt werden.

Es ist nicht zu viel behauptet, wenn wir sagen, daß das **bestehende Recht fundamental umgekehrt wird**. Nach dem Entwurfe ist die öffentliche Volksschule nur das subsidiäre Erziehungsinstitut, welches nur dann vorhanden sein muß, wenn und soweit für den Unterricht nicht anderweit — durch Privatschulen — genügend gesorgt ist. Die Privatschulen sollen in dem Maße das prinzipale Erziehungsinstitut sein, daß im Falle einer genügenden Unterweisung der schulpflichtigen Jugend in den Privatschulen sogar der Zwang zur Erhaltung der bestehenden öffentlichen Schulen, mindestens aber der Zwang zur Errichtung neuer Volksschulen nicht mehr bestehen wird."

Der konservative Verfasser dieser Schrift bemerkt auch gewiß mit Recht dazu, „es sei wohl ein in den Annalen unserer Gesetzgebung bisher nicht oft dagewesener Vorgang, daß in einer Frage von solcher Wichtigkeit den gesetzgebenden Körperschaften eine vollständige Preisgabe des bestehenden Rechts zugemuthet worden wäre, ohne daß die Regierung es für erforderlich erachtet hätte, diese Zumuthung auch nur mit einem Worte zu rechtfertigen."

Wir nehmen an, daß unsere Regierung solche Folgerungen aus dem § 2 nicht gezogen sehen will, dann aber müssen wir annehmen, daß sie an die Möglichkeit solcher Folgerungen gar nicht gedacht hat, sonst hätte sie denselben durch andere Gesetzesfassung unbedingt vorbeugen müssen.

Es muß in § 2 ausgesprochen werden, daß jede bürgerliche Gemeinde unbedingt verpflichtet ist, für die der Zahl der schulpflichtigen Kinder entsprechenden Volksschulen zu sorgen. Nach den in Belgien mit den Bestimmungen des Gesetzes von 1842 gemachten Erfahrungen brachte das Gesetz von 1879 eine solche Verbesserung. Das Badische Schulgesetz bestimmt ebenso in § 6: „Für den Elementarunterricht soll in jeder politischen Gemeinde wenigstens eine Volksschule bestehen. — Die Staatsverwaltung kann auf Antrag der Oberschulbehörde verfügen, daß in einer Gemeinde mehrere Schulen errichtet werden, wenn dies ein dringendes Bedürfniß ist."

Die bürgerlichen Gemeinden müssen dem entsprechend auch bei uns gesetzlich verpflichtet werden, für die der Zahl ihrer schulpflichtigen Kinder genügenden Volksschulen selbst zu sorgen. Geschieht dies, so werden die Gemeindeangehörigen, welche die Kosten dieser Schulen tragen müssen, kein Interesse daran haben, von anderer Seite unterstützte Privatschulen durch Hinführung ihrer Kinder oder auch sonstwie zu unterstützen. Nur weil die Gemeinden in dieser Beziehung vielfach ihre Pflicht nicht thun, blühen in manchen Theilen unseres Landes auf dem höheren Schulgebiete die der einheitlichen Volksbildung besonders schädlichen privaten Mädchenschulen in Verbindung mit den das ganze Leben der Mädchen beherrschenden Pensionen. Wir haben alle Ursache, eine derartige Entwickelung auf dem Gebiete des Volksschulwesens nicht auch noch durch gesetzliche Unterlassungssünden zu erleichtern und zu unterstützen, wir haben vielmehr die Pflicht durch Bestimmungen des Gesetzes dafür zu sorgen, daß es in der Hauptsache dabei bleibt, die Ausführung des ersten Grundsatzes unseres Schulwesens den bürgerlichen Gemeinden als ihre Pflicht aufzuerlegen.

Sind nun die Schulen Veranstaltungen des Staates und demnach die Volksschulen grundsätzlich bürgerliche Gemeindeschulen, so müssen dieselben auch für die Kinder aller Staatsbürger gleich zugängig sein, den Kindern aller Staatsbürger ohne Unterschied offen stehen.

Auch diesen zweiten Grundsatz hat schon das allgemeine Landrecht in § 10 des Tit. 15, Th. II. ausdrücklich festgestellt mit den Worten:

„Niemandem soll wegen Verschiedenheit des Glaubensbekenntnisses der Zutritt in öffentliche Schulen versagt werden."

Das war ein Satz des Gesetzes, der den Uebergang der Zeiten von der grundsätzlichen Konfessions- oder Kirchenschule zur grundsätzlichen Staats- oder bürgerlichen Gemeindeschule deutlich aussprach. Zuerst nach der Reformation galt natürlich der Grundsatz, daß der Schülerbestand konfessionell ungemischt sein sollte. Wo dies nicht der Fall war, handelte es sich nur um Ausnahmen, die man aus Noth oder aus propagandistischen Gründen zuließ.

An diesem Satz des allgemeinen Landrechts ist ja nun auch festgehalten in § 13 des vorliegenden Gesetzentwurfes, welcher lautet:

„Lediglich wegen des Religionsbekenntnisses darf keinem Kinde die Aufnahme in die Volksschule seines Wohnortes versagt werden."

Dieser alten Bestimmung des allgemeinen Landrechts lag offenbar der richtige Gedanke zu Grunde, ein Gesetz, das allgemein die Schulpflicht vorschreibe, müsse auch dafür sorgen, daß diese Pflicht überall an jedem Orte erfüllt werden könne. Dies aber sei nicht der Fall, wenn an einem Orte nur eine Konfessionsschule bestehe, welche nur Kinder einer bestimmten Konfession zulasse. Die Staats- und bürgerlichen Gemeindeschulen mußten also gesetzlich allen Kindern ohne Unterschied des Glaubens offen stehen. Das frühere Halten auf einen religiös oder konfessionell ungemischten Schülerbestand mußte aufgegeben werden. Dies entsprach auch der zunehmend konfessionellen Mischung der Bevölkerung, entsprach ebenso dem pädagogischen Bedürfniß, das doch in einer großen gemeinsamen Schule leichter zu befriedigen war, als in mehreren kleinen Schulen, entsprach eben deshalb auch dem finanziellen Interesse der Gemeinde und schließlich auch dem äußeren und inneren Interesse des Staates, der bei Schulspaltungen im Nothfall aushelfen mußte und dem an der Schärfung der konfessionellen Unterschiede durch strengen Abschluß der Kinder von einander im Interesse einheitlicher Staatsleitung gewiß nicht gelegen sein konnte, sondern nur an möglichster Ausgleichung und Verständigung. Von dieser höchst einfachen Auffassung beseelt, zeigt sich eine Kabinets=Ordre vom 23. März 1829, welche König Friedrich Wilhelm mit Bezug auf eine die Zulässigkeit christlicher Simultanschulen feststellende Kabinets=Ordre vom 4. Oktober 1821, ausspricht: „Ich habe zwar genehmigt, daß die Vereinigung der Schüler weder der einen noch der anderen Konfession aufgedrungen werde, es kann aber kein Bedenken sein, die Vereinigung zu befördern, wenn der Mangel an Fonds die zweckmäßige Einrichtung von Konfessionsschulen hindert und die Gemeindeglieder beider Konfessionen über die Organisation einer Simultanschule, die doch besser ist als gar keine oder eine schlechte Konfessionsschule, einverstanden sind." Das war ein königliches Wort von gesundem Menschenverstand.

Solchem Vorgehen schnurstracks entgegengesetzt ist nun ein Verfahren, das seitens des Staates die Konfessionsschulen derart befördert, daß dadurch die zunehmende Scheidung des konfessionellen Schüler=Bestandes befördert wird. Dies aber leistet nun unser Volksschulgesetzentwurf durch seinen § 15, welcher lautet:

„Wo die Zahl der Schulkinder einer vom Staate anerkannten Religionsgesellschaft in einer Schule anderer Konfession über dreißig steigt, kann vorbehaltlich der Bestimmung des § 11 der Regierungspräsident bei Zustimmung der Gemeinde (Gutsbezirks, Schulverbandes) die Errichtung einer besonderen Volks=

schule für dieselbe anordnen. Die gleiche Anordnung hat zu erfolgen, wenn die Zahl über sechszig steigt. Die versagte Zustimmung kann bei ländlichen Schulbezirken durch den Kreisausschuß, bei städtischen Schulbezirken durch den Bezirksausschuß ergänzt werden.

§ 11. Wo drei- oder mehrklassige Volksschulen vorhanden sind, dürfen Kinder nicht gegen den Willen der Eltern oder deren Stellvertreter einer einklassigen Volksschule zugewiesen werden."

Mag dieser § 15 in der Volksschulkommission auch dahin verbessert werden, daß nur die letzte Forderung stehen bleibt, welche bei einem Bestande von über 60 Schülern die Neugründung einer besonderen Konfessionsschule vorschreibt, so behält dieser Paragraph doch immer die Förderung konfessioneller Schulscheidungen, welche leicht dazu führen wird, daß an die Stelle einer gut geordneten Schule zwei mangelhaft geordnete Schulen treten, in welchen man seine liebe Noth hat, die Kinder verschiedenen Alters gemeinsam oder getrennt zu unterrichten. Auf alle Fälle steuert man mit solcher gesetzlichen Erleichterung wieder rückwärts dem Schulzustande zu, von dem man bald nach der Reformationszeit ausging, dem Zustande eines grundsätzlich konfessionell getrennten Schülerbestandes. Ganz konsequent gedacht hätte der Volksschulgesetz-Entwurf zu diesem Grundsatz zurückgreifen müssen, anstatt in seinem § 13 aus dem allgemeinen Landrecht einen Grundsatz aufzunehmen, der zeitgemäß verstanden nach anderer Richtung weiter treiben müßte.

Nach Anerkennung dieses Grundsatzes nämlich, daß die Staatsschule allen Kindern ohne Unterschied des Glaubens und der Religion zugänglich sein müsse, war nothwendig die weitere Folgerung zu ziehen, daß die Schule dem entsprechend einzurichten sei, daß somit, wo der Schulbestand ein gemischter wurde, dem entsprechend auch der Lehrerbestand ein gemischter sein konnte, — und daß, wo bei solcher Mischung nur ein Lehrer an der Schule wirkte, für seine Konfessionszugehörigkeit keine grundsätzliche Beſtimmung galt. Eine Beſtimmung, daß ſich die Konfeſſion des Lehrers in ſolchem Falle nach der Mehrheit des Konfeſſionsbeſtandes der Schüler zu richten habe, mußte ſich bei dem oft wechſelnden Konfeſſionsbeſtande der Schüler als unzulänglich und oft als unausführbar erweiſen.

Demgemäß beſtimmte auch ſchon das Reglement für die Land- und niederen Bürgerſchulen in Neu-Oſt-Preußen vom 31. Auguſt 1805 in § 53 kurzweg:

„Auf die Konfeſſion des Lehrers kommt es nicht an."

Thatſächlich blieb es allerdings zumeiſt dabei, daß in überwiegend evangeliſchen Bezirken die Lehrer durchweg evangeliſch und in überwiegend katholiſchen Bezirken durchweg katholiſch waren. Das hing aber dann nur von den Wählenden der bürgerlichen Gemeinden ab.

Im Grunde ließ es thatſächlich der Goßler'ſche Schulgeſetzentwurf auch bei dieſem Thatbeſtand. Derſelbe ſetzte wohl die Konfeſſionalität der Volksſchulen als Regel voraus, aber er ſtellte doch die ausſchließliche Geltung nicht geſetzlich feſt. Derſelbe räumte den Gemeinden ein großes Vorrecht bei der Lehrerwahl ein und von der Anwendung dieſes Vorrechtes mußte es demnach abhängen, ob die betreffende Schule im Einzelfalle Konfeſſionsſchule oder Simultanſchule wurde. Ein paritätiſcher Religionsunterricht bei beſtimmter Kinderzahl war auf alle Fälle geſichert.

Das konnte man ſich, zumal nach den Kommiſſions-Verbeſſerungen zu Gunſten des ſchon bewährten Simultanſchulbeſtandes, ſelbſt als entſchiedener Anhänger der Simultanſchule wohl gefallen laſſen; es war doch kein Damm gegen den möglichen Fortſchritt aufgeworfen.

Damit war ein Kompromiß geboten zwiſchen den ſtreitenden Parteien. **Im Grunde hieß dies, die Volksſchule iſt bürgerliche Gemeindeſchule, über ihre Stellung zur Religion und Konfeſſion entſcheidet die bürgerliche Gemeinde unter Aufſicht der ſtaatlichen Schulbehörde.**

Dies nun ſcheint mir die allein richtige Folgerung aus den vorangeſtellten Grundſätzen, daß die Volksſchule eine Veranstaltung des Staates, daß sie ohne Rücksicht auf Religion und Konfession den Kindern aller Staatsbürger offen stehen soll. Die Worte: hie Konfessionsschule, hie Simultanschule, die überall so viel unnützen Staub aufwirbeln, konnte man dabei ruhig im tiefsten Schrein seines Herzens bewahren, es handelte sich in Zukunft nur um die jeweilig passende Ausgestaltung der bürgerlichen Gemeindeschule, auf deren Annahme gegenüber den Kirchspielschulen und Sozietätsschulen seitens der Gemeinden überdies in den letzten Dezennien die unterrichtliche Verwaltungspraxis Preußens in zahllosen Erlassen und Reskripten geradezu hingedrängt hat.

Diese ganze grundsätzliche, naturgemäße Entwicklung unterbricht nun der jetzige Gesetzentwurf mit seinem § 14:

§ 14. Bei der Einrichtung der Volksschulen sind die konfessionellen Verhältnisse möglichst zu berücksichtigen.

Der Regel nach soll ein Kind den Unterricht durch einen Lehrer seines Bekenntnisses empfangen.

Soweit nicht an einem Ort bereits eine anderweite Schulverfassung besteht, sollen neue Volksschulen nur auf konfessioneller Grundlage eingerichtet werden. Die vorhandenen Volksschulen bleiben, vorbehaltlich anderweiter Anordnung im einzelnen Falle (§ 6), in ihrer gegenwärtigen Verfassung bestehen.

Dieser § 14 gilt mir als die thatsächlich unberechtigtste und verhängnißvollste Bestimmung für die gedeihliche Fortentwicklung unseres Volksschulwesens, für noch bedenklicher, weil der ihm zu Grunde liegende Grundsatz folgerichtig unbedingt auch die Forderung streng konfessioneller Scheidung auf den Gebieten des höheren und höchsten Schulwesens stärken und zur immer wachsenden Geltung bringen muß. Ich halte die Beförderung dieses übertriebenen konfessionalistischen Grundsatzes der Schulscheidung als im Widerspruch stehend mit dem Grundsatz des einheitlich staatlichen Schulwesens, als verderblich für die gesammte Volksbildung, als unheilvoll auch für die zukünftige Ruhe und das zukünftige Wohlergehen unseres Staates und unseres deutschen Vaterlandes.

Dieser Paragraph beläßt nur den gegenwärtigen Simultanschulbestand, vorbehaltlich anderweiter Ordnung im einzelnen Falle. Und § 6 sagt, was dieser Vorbehalt bedeutet. Derselbe lautet: Die Aufhebung bestehender öffentlicher Volksschulen bedarf der Genehmigung des Unterrichtsministers. Das heißt mit anderen Worten — über dem bestehenden Simultanschulbestand hängt beständig das Damoklesschwert ministerieller Entscheidung. Von der Ansicht oder der Güte des jeweiligen Unterrichtsministers hängt es ab, ob oder wie lange das Bestehende noch Bestand haben soll.

Es heißt wahrlich einem Volke viel zumuthen, die Entscheidung einer gar Vielen ans Herz gewachsenen Sache getrosten Muthes gesetzlich in die Hand des jeweiligen Ministers zu legen.

Das grundsätzliche Verbot aber der Neugründung einer Simultanschule seitens der bürgerlichen Gemeinde steht im vollsten Widerspruch selbst mit dem Gesetze, welches den Privatschulen in dieser Beziehung die größte Freiheit läßt. Privatschulen der Einzelnen, Privatschulen der verschiedenartigsten Genossenschaften, sie alle erfreuen sich einer Bestimmungsfreiheit, welche der bürgerlichen Gemeinde grundlos versagt wird.

Oder hat die den Gesetzentwurf erläuternde Denkschrift oder das fürsprechende Wort des Ministers doch etwa einen Grund angeführt, der diesen Unterschied der Behandlung erklärt oder rechtfertigt? — Ich fand keinen und stehe also vor einem unaufgeklärten Räthsel.

Zur Rechtfertigung des Simultanschulverbotes selbst hat der Minister geglaubt, sich auf die durch die geringe Zahl der Simultanschulen bezeugte Volksstimmung gegen dieselben berufen zu dürfen. Mit geschickter Taktik hat der Minister sogar gemeint auf Nassau hinweisen zu können, wo schon seit 1817 die Simultanschule zulässig sei und doch nur 78 Simultanschulen bestünden. Auch in Preußen sei selbst in der Zeit der Begünstigung die Zahl niemals groß geworden, vor Goßler habe sie nur 517 betragen und sei also seitdem nur um 14 Schulen vermindert worden. Das ist eine sehr geschickte aber doch thatsächlich seltsam verdrehte Darstellung oder Auslegung der wirklichen Sachlage. Nach dem Schuledikt Nassaus vom Jahre 1817 wurden die bis dahin zum Theil recht kümmerlich bestehenden getrennten Konfessionsschulen in den Gemeinden aufgehoben und an ihre Stelle durchweg christlich gemeinsame Kommunalschulen angeordnet, zuerst sogar mit einem vom Lehrer zu ertheilenden allgemein christlichen Religionsunterrichte. Das Schuledikt von 1817 bestimmte in seinem § 2, daß, „wo gemischte Konfessionen bestehen und die Anzahl der Schulkinder die Anstellung mehrerer Lehrer nothwendig mache, diese von verschiedenen Konfessionen genommen werden sollen." Das Edikt setzte also voraus, daß dem konfessionell gemischten Schülerbestande ein gemischter Lehrerbestand entsprechen müßte. Bei Gemeinden ungemischter Konfession dagegen ward stets in der Praxis thatsächlich die Berufung konfessionszugehöriger Lehrer beachtet, aber diese Praxis war nicht gesetzlich festgelegt. Ausnahmen kamen vor, wenn auch nur selten. Wenn nun trotz dieser gesetzlichen Freiheit zu Gunsten der Simultanschulen die Zahl der Simultanschulen doch nur verhältnißmäßig gering ist gegenüber den thatsächlich überwiegend evangelischen oder katholischen Schulen, so sagt dies nur, daß in Nassau die Zahl der überwiegend konfessionell ungemischten Gemeinden die Zahl der konfessionell gemischten Gemeinden übertrifft, weiter nichts. Zu Ungunsten der Simultanschulstimmung der Gemeinden beweist dieser Thatbestand gar nichts. Der Herr Minister kann aus dem vortrefflichen 1881 und 1883 erschienenen zweibändigen Buche des verstorbenen Hofraths a. D. Dr. Firnhaber, „Die Nassauische Simultanvolksschule", das Schlußkapitel des zweiten Bandes, „Aufnahme der neuen Schulorganisation, ihre Bekämpfung und Bewährung", nicht gekannt haben, als er im Abgeordnetenhause auf die mangelnde Theilnahme für die Simultanschule in Nassau hinwies. Wir machen dem Herrn Minister dies gewiß nicht zum Vorwurf, selbst ein so arbeitsgewohnter Mann, der so rasch an eine solche Stelle berufen wird, kann unmöglich gleich Alles kennen, was sein Urtheil bestimmend ändern könnte. Wir haben auch die Ueberzeugung, daß dieser Minister, der sicher das Wahre finden will, sich einer inhaltlichen Ueberführung von dem Unrechte einer Behauptung nicht parteiisch widersetzen wird. Zu einer solchen Berichtigung seiner Behauptung werden ihn inzwischen die aus Nassau erfolgten Zustimmungen zu ihrer nun schon fast 80 Jahre bestehenden Schulverfassung, die grundsätzlich nur von bürgerlichen Gemeindeschulen redet, von evangelischen, katholischen oder simultanen Volksschulen aber nur in thatsächlicher Unterscheidung weiß, sicherlich Anlaß bieten.

Dieser Erfahrung widerspricht auch in keiner Weise die in Preußen gemachte Erfahrung. Das beweist bündig genug schon die geschichtliche Darstellung des Verfahrens der preußischen Unterrichts-Verwaltung bei Einrichtung der Volksschulen in konfessionell gemischten Gegenden, welche zur Zeit des Ministers Falk im Centralbl. für die ges. Unterr.-Verw. in Preußen vom Jahr 1878 veröffentlicht worden ist. Unser Monatsblatt hat daraus Einiges mitgetheilt in einem Artikel: „Die Cab.-O. von 1821 und das Neue Reskript von 1822 in Betreff der Simultanschulen" im Monatsblatt Nr. 1 des ersten Jahrganges 1883[4]). Meine 1879 erschienene Schrift über die „Simultanschule" könnte Jedem, der sich belehren lassen will, noch Mehreres bieten.

Wenn man glaubt, namentlich in letzter Zeit in Preußen Erfahrungen zu Ungunsten der Simultanschulen gemacht zu haben, so weiß jeder Kundige, daß dies nur darauf beruht, daß man hier neuerdings bei einer völlig unfertigen Schulgesetzgebung an die Vermehrung der Simultanschulen ging. Zu einer langen Reihe von Jahren wesentlich befördert, wie der Unterrichtsminister in der Sitzung des Abgeordnetenhauses vom 22. Januar d. J. behauptete, hat die preußische Unterrichtsverwaltung die Simultanschulen jedenfalls nicht, noch weniger hat sie in ihnen bis zu einem gewissen Grade das Heil der Entwickelung gesehen; aus der oben erwähnten unter Falk gegebenen geschichtlichen Darstellung erhellt, wie am Schlusse derselben mit Recht bemerkt wird, „daß es auch in neuerer Zeit ver-

mieden worden ist, die Einrichtung paritätischer Schulen grund=
sätzlich zu fördern". Trotzdem nahmen diese Schulen in gewis=
sen gemischten Landestheilen schon bei dem System einer leich=
teren Zulassung allmählich wachsend zu ⁵). Aber für solche durch
Gemeindebeschluß zu bewirkende Umbildungen fehlte es durchaus
an einer genügenden gesetzlichen Regelung und daher hinter=
ließen diese oft nur mit geringer Mehrheit beschlossenen Um=
bildungen konfessioneller Schulen in Simultanschulen Unfrieden
in den Gemeinden, der zur gesteigerten Agitation für konfes=
sionelle Rückbildung führte. Man ließ den Schulen nicht die
Zeit durch ruhigen Bestand während einer gesetzlich bestimmten
Reihe von Jahren den Segen ihres Daseins zu bewähren und
die Gemüther zu beruhigen. Nach Falk's Abgang begann die
Regierung sofort an die Stelle freundlicher Gewährung das
System der Behinderung und der Bekämpfung der Simultan=
schulen zu setzen. Die Regierung weiß recht gut, auf wie viel
Widerstand sie bei dieser Abtragung seitens der Gemeinden ge=
stoßen ist; wir wissen dies auch, weil wir bei diesem Widerstand
in unsern Provinzen nach besten Kräften geholfen haben. Wir
haben dabei erfahren, wie groß die Theilnahme der städtischen
konfessionell gemischten Bevölkerung für die Simultanschulen
vielerorts sein würde, wenn an die Stelle der Behinderung und
der bloßen Gewährung die freundliche Förderung treten würde.
Die richtige Erkenntniß dieser Sachlage hat wesentlich die leb=
hafte Gegenagitation des evangelischen Schulkongresses hervor=
gerufen, auch diese bezeugt die Theilnahme ihrer Gegner für
die Simultanschule. Woher sollte denn nun im Augenblick
auch wohl der lebhafte Widerspruch gegen das in § 14 festge=
legte Verbot der Simultanschule im Lande kommen, wenn nicht
Theilnahme für dieselbe vorhanden wäre? Selbst in Regierungs=
kreisen und in Kreisen strengsten Konservatismus hat wieder=
holt für den Osten unseres Landes das Germanisirungsinteresse
seltsam genug das Konfessionalitätsinteresse überholt, hat also
das Nationalitätsprinzip höher im Kurs gestanden als die
Religion, um so seltsamer, als doch wahrlich den Römlingen
gegenüber zu solcher Verschiebung der Interessen viel mehr
Anlaß geboten sein möchte als gegenüber dem verhältnißmäßig

winzigen Häuflein von Polen. Wir bestreiten also geradezu, daß die Werthschätzung der Simultanschule im Lande so gering ist, wie der Minister auf Grund der geringen Schulzahl annehmen zu dürfen meint⁶). Wo man es überdies noch an einer vorsichtigen und umsichtigen Gesetzgebung nicht fehlen ließ, wie in Baden und in Hessen⁷), hat die Bevölkerung schon jetzt nach kürzerem Bestande als in Nassau den Segen der Simultanschule erkannt und wird die Mehrheit der Bevölkerung schwerlich trotz der durch Preußens verkehrtes Vorgehen gestärkten klerikalen Gegnerschaft das Errungene wieder preisgeben. Das beweisen auch verschiedene in Baden und in Hessen schon erfolgte Erklärungen. Wir begreifen nun vollständig, daß ein evangelischer oder katholisch klerikal geschulter Kopf zu den Gegnern solcher Schulordnung gehören mag, es ist uns aber völlig unverständig, wie ein deutscher Staatsmann oder überhaupt ein politisch denkender Kopf in einer solchen Schulordnung des für Alle gleichen weltlichen Unterrichtes bei konfessionell getrenntem Religionsunterricht nicht das Heil des Landes mit religiös stark gemischter Bevölkerung erkennen kann, und vor Allem es nicht als Aufgabe der Staatsregierung erachten kann, solche Schulordnung zu befördern.

Die aufgeführten Gründe der Gegner kennen wir recht gut, halten sie aber für ungemein leicht widerlegbar.

Gewiß, die konfessionellen Glaubensunterschiede werden auch bei manchen weltlichen Unterrichtsgegenständen zum Vorscheine kommen. Der Abgeordnete Stöcker hat im Abgeordnetenhause sogar die Geographie als solchen Gegenstand bezeichnet und mit dem Brustton seiner evangelischen Ueberzeugungstreue hervorgehoben, der Name Wittenberg habe für den Protestanten einen anderen Klang als für den Katholiken. Das mag sein. Nun dann mag der protestantische Lehrer nach Stöcker's Sinn in der Geographiestunde bei dem Namen Wittenbergs die Hände falten, seinen evangelischen Blick nach oben richten und im Tone eines Hosiannaliedes oder eines Bußpsalms den Namen Wittenberg aussprechen, was schadet es denn, wenn ein katholischer Schüler dies Wunder evangelischer Begeisterung mit ansieht und anhört, sofern er nur zugleich vernimmt, wo **Wittenberg** liegt, was man da getrieben hat und treibt, wie viel Einwohner es hat und was für Denkmäler geschichtlicher Erinnerung es besitzt. Wir unsererseits sehen in der Geographiestunde dies als die Hauptsache an. Wir können nur zugeben, daß beachtenswerthe Schwierigkeiten der Art für konfessionell gemischte Schulzustände sich beim Geschichtsunterricht ergeben können. Aber auch hier übertreibt der Konfessionalismus die Schwierigkeit der Sache. Die Unterschiede kommen namentlich in der Volksschule bei dem geringen Umfang des hier ertheilten Geschichtsunterrichtes nur an wenigen Punkten zum Vorschein. Und auch hier ist der Unterschied zwischen Konfessionsschulen mit doch theilweise gemischtem Schülerbestand und Simultanschulen mit nur stärker gemischtem Schülerbestand gar nicht so groß, wie die Parteileidenschaft ihn macht. Auch in den Konfessionsschulen muß auf den Minderbestand der Schüler anderer Religion oder Konfession so viel Rücksicht genommen werden, daß man diese Kinder nicht geradezu verletzt. Einen **Stöcker** oder einen **Janssen** als Geschichtslehrer sollte man selbst an einer staatlichen Konfessionsschule nicht brauchen können, sondern als gemeingefährlichen Friedensstörer entfernen. In der Staatsschule, mag dieselbe Konfessionsschule oder Simultanschule sein, muß auch im Geschichtsunterricht vor Allem das Streben darauf gerichtet sein, die Wahrheit des Thatbestandes zur Kenntniß zu bringen und die begleitende Empfindung eben nur Begleitung sein zu lassen. Es ist ein großer Irrthum zu meinen, dem Geschichtsunterricht werde damit die Seele genommen, es wird ihm damit erst die rechte Seele gegeben, das volle Interesse der Wahrheit.

Oder soll es etwa gut und richtig sein, wenn in staatlich-katholischen Konfessionsschulen dann gelehrt wird, **Luther** habe eine Revolution gegen die Kirche vorgenommen, getrieben durch maßlose persönliche Zornwüthigkeit, am Ende sei er elend als Selbstmörder aus der Welt geschieden, und einen großen Anhang habe die Lehre **Luther**'s im Volke nur gefunden, weil sie eine bequeme Moral gelehrt habe, nämlich die, daß man der guten Werke gar nicht bedürfe und nur zu glauben brauche, um durch göttliche Gnade zur Seligkeit zu gelangen? — Und soll es denn ebensogut und richtig sein, wenn umgekehrt in staatlich-evangelischen Volksschulen gelehrt wird, Luther sei aufgetreten gegen den Ablaßbrauch in der katholischen Kirche, und wenn dieser Mißbrauch entstellt als geheiligter Brauch der katholischen Kirche dargestellt wird? Ist es denn gut, wenn in katholischen Volksschulen gelehrt wird, Gustav Adolf, der den Protestanten zu Hülfe gekommen, sei nur als Feind Deutschlands gekommen und habe mit Frankreich ein Bündniß gemacht, um Deutschland zu bekriegen, während dagegen in protestantischen Schulen Gustav Adolf als reinster evangelischer Glaubensheld gefeiert wird?

Falsches Kircheninteresse mag dies fordern, das Staatsinteresse ist bei solchen konfessionellen Lügen jedenfalls unbetheiligt. Das Interesse der Wahrheit liegt in der Mitte, und nur an der Förderung dieser Wahrheit kann dem Staate liegen im Interesse der Ausgleichung der unter seinem Schutze streitenden Kräfte, welche ihm eben durch ihren Streit die Ausübung einheitlicher Staatsleitung erschweren.

Der Herr Minister würde mir sicherlich erwidern, solche unwahre und gehässige Auswüchse des konfessionellen Geschichtsunterrichts werde die staatliche Schulleitung eben nicht dulden, sondern unterdrücken. Nun wohl, dann würde ja für die Konfessionsschulen erzwungen dieselbe Rücksichtnahme gelten, welche für die Simultanschulen aus ihrem eigensten Prinzip heraus freiwillig geleistet wird. Bei solcher Sachlage sollte es doch wahrlich nicht schwer sein, dem Verfahren der Simultanschule den Vorzug zu geben.

Und nun verlangen wir zur Zeit ja garnicht mal die unbedingte Einführung der Simultanschule, sondern nur ihre thatsächlich freie Zulassung durch Gemeindebeschluß, zumal in den häufigen Fällen, wo durch oft wechselnde oder durch große Mischung des konfessionellen Bevölkerungszustandes die pädagogischen, finanziellen und politischen Vorzüge der Simultanschulen meist so klar auf der Hand liegen, daß nur der konfessionell gereizte Parteigeist sie nicht sieht oder nicht sehen will. Im Jahre 1890 veröffentlichte das Monatsblatt Nr. 4 des liberalen Schulvereins Rheinlands und Westfalens einen Artikel „Minister Goßler's unfreiwilliges Zeugniß zu Gunsten der

Simultanschule". Aus demselben könnten die Simultanschulgegner ungemein viel lernen, sie könnten aus demselben ersehen, zu welchen Widersinnigkeiten das Prinzip konfessioneller Schulbestimmung führt in unserer Zeit der Freizügigkeit, in welcher heute an einem Orte die Bevölkerung überwiegend evangelisch und etwa nach wenigen Jahren schon ganz katholisch sein kann. Der Abgeordnete Wessel hat darauf auch treffend im Abgeordnetenhause hingewiesen. In Westpreußen haben vom Gustav Adolf-Verein gegründete Schulen jetzt nur katholische Kinder und nur katholische Lehrer.

Wir haben über dieses Schulproblem in Wort und Schrift uns schon so oft ausgelassen, daß wir uns hier wohl begnügen können, an diese Schwierigkeiten und ihre allein richtige Lösung nur zu erinnern. Wir sehen vor Allem garnicht ein, warum im übrigen Preußen unmöglich sein soll, was sich in der Provinz Nassau schon seit fast achtzig Jahren durch seinen Bestand bewährt hat, was in den Großherzogthümern Baden und Hessen seit fast dreißig Jahren und auch in anderen kleineren deutschen Staaten seit geraumer Zeit schon zur Zufriedenheit der Volksmehrheit besteht oder, wenn man so weit wie hier in der Anerkennung der grundsätzlich gemischten Volksschule zu gehen nicht wagen will, warum man denn in dem vorwiegend protestantischen Preußen nicht einmal so weit gehen kann, wie das vorwiegend katholische Bayern längst gegangen ist. Dort hat die Verordnung zur Errichtung der Volksschulen vom 26. August 1883 bestimmt:

§ 7. Die Volksschulen sind regelmäßig konfessionelle Schulen, ausnahmsweise können jedoch in außerordentlichen, durch zwingende Verhältnisse gebotenen Fällen konfessionell getrennte christliche Volksschulen einer Gemeinde auf Antrag der Gemeindebehörde in konfessionell gemischte umgewandelt werden.

§ 9. Wenn eine Gemeinde mit konfessionell gemischter Bevölkerung eine neue Schule aus Gemeindemitteln errichtet, ohne daß ihr hierzu eine rechtliche Verpflichtung obliegt, so kann diese Schule auf Antrag der Gemeindebehörden als gemischte Schule erklärt werden.

Diese bayerischen Bestimmungen erlauben doch wenigstens

die Neugründung einer Simultanschule; unser Gesetzentwurf hält es für richtig und zeitgemäß, solche Neubildung auszuschließen und die Dauer der bestehenden Simultanschule gesetzlich von dem Ermessen des Unterrichts-Ministers abhängig zu erklären.

Wenn diese grundsätzlichen Bestimmungen nicht fallen gelassen oder durch bessere ersetzt, auch die Bestimmungen für die Zulassung einer Ablösung von Kindern von der Konfessionsschule zur Gründung einer Schule anderer Konfession nicht erschwert werden, halten wir den Gesetzentwurf seitens unserer liberalen Vertreter für unannehmbar.

Nach meiner Ansicht ist bei einer solchen unserer Ansicht entsprechenden Ordnung die einzige unstreitig bleibende Schwierigkeit — die Stellung des Religionsunterrichtes in der Staatsschule.

Aber auch diese Schwierigkeit ist für die staatliche Konfessionsschule ganz dieselbe wie für die staatliche Simultanschule. Die Simultanschule ist ja nur eine Schule mit weltlich gemeinsamem und konfessionell getrenntem religiösem Unterricht. Auch in der staatlichen Konfessionsschule mit religiös gemischtem Schülerbestande muß bedingungsweise für den Religionsunterricht der andersgläubigen Kinder gesorgt sein. Die Schwierigkeit in beiden Fällen ergiebt sich nur aus dem Verhältniß von Staat und Kirche, aus der Schwierigkeit eine Doppelherrschaft gesetzlich zu friedlicher Gemeinschaft zu zwingen. Der Unterschied zwischen der bisherigen Verwaltungspraxis und des nunmehr nach den §§ 16—18 und §§ 109—112, besonders nach § 112 des Gesetzentwurfs gelten sollenden Verhaltens besteht nur darin, daß nach der bisherigen Verwaltungspraxis bei dieser Doppelherrschaft doch wenigstens die Staatsbehörde das letzte Wort haben sollte, während nach dem neuen Gesetze das letzte Wort den Kirchenbehörden überlassen wird, die es gewiß mit Dank annehmen und zu kirchlichem Nutz anwenden werden.

An diesem wichtigsten Punkte jedenfalls schlägt die Staatsregierung nichts Anderes vor, als die Verwirklichung von Windthorst's Schulantrag.

Nach § 112, dem wichtigsten dieser Paragraphen, wird, wie durch öffentliche Besprechung hinreichend bekannt ist, bei der Lehrerprüfung am Abschluß der durchaus konfessionell geordneten Seminarbildung dem anwesenden Beauftragten der kirchlichen Oberbehörden, gegenüber allen Stimmen der anderen Prüfungsmitglieder, ein Veto eingeräumt bei der Ertheilung der Befähigung zum Unterrichte in der Religion. Ueber die Geltung dieses Veto hat hernach der Oberpräsident noch eine Verständigung mit der kirchlichen Oberbehörde zu versuchen, gelingt diese nicht, so behält die Kirche das letzte Wort. Der Lehrer wird dann von der Prüfungsbehörde nur für befähigt erklärt zur Ertheilung des weltlichen Unterrichts, den Religionsunterricht darf ein solcher Lehrer nicht geben.

Was das für den Volksschullehrer heißt, das weiß jeder Kundige. Wir haben in Preußen leider noch 22520 einklassige Volksschulen. An diesen ertheilen doch in der Regel die Volksschullehrer zugleich den Religionsunterricht, jedenfalls müssen sie es können. Ein Volksschullehrer mit jenem angehängten Befähigungsmakel an einer solchen Schule ist ganz undenkbar, seine Stellung wäre ganz unhaltbar, seine Anstellung auch nach unserer Ansicht unter gegebenen Verhältnissen schon im Interesse der Schule gar nicht wünschenswerth. Aber auch an mehrklassigen Volksschulen würde die Stellung eines Lehrers mit solchem Befähigungsmakel sicherlich schwierig und deshalb seine Anstellung bedenklich sein. Durch diesen einen Paragraphen wird zunächst die ganze Lehrerwelt der Volksschule und damit auch die ganze Volksschulbildung selbst abhängig von dem Geiste und dem Willen der kirchlichen Behörde. Der Staat besiegelt damit seine Abdankung auf dem Gebiete des Volksschulwesens vor der Kirche.

Dazu kommt nun noch, daß nach § 18 auch der für befähigt erklärte und angestellte Lehrer bei Ertheilung des Religionsunterrichtes dem beaufsichtigenden Ortsgeistlichen so weit untergeordnet wird, daß diesem Geistlichen das Recht zusteht, den Lehrer sachlich zu berichtigen und ihn mit Weisungen zu versehen. Kommt der Lehrer den Weisungen nicht nach, so kann ihm seitens der Kirchenbehörde die ertheilte Befähigung wieder entzogen werden, d. h. der Lehrer kann unter Umständen in die Lage kommen, seiner ganzen Stellung thatsächlich enthoben zu werden.

Kurz, die Lehrerwelt in der staatlichen Volksschule hängt in dieser Richtung vollständig von dem Willen der Geistlichkeit ab. Entspricht sie dem Geiste, der hier herrscht, dann ist es gut. Thut sie es nicht, dann schließt sich für sie die Thür der Volksschule und nur das weite Thor der anderen Welt, in der anders zu wirken sie nicht vorbereitet ist, steht ihr noch offen.

Und das nennt man noch staatliche Volksschule! Mir wäre das System der ausgesprochensten Kirchenschulen lieber, weil es keinen falschen Namen an seiner Stirne trüge.

Man hat die Befürchtung ausgesprochen, das jetzt vorgeschlagene falsche System werde die Lehrer zu Heuchlern machen oder doch zu bedrückten Seelen. Das Letzte gewiß in vielen Fällen, das Erste hoffentlich nicht. Aber es ist schon ein Unrecht, die arme Lehrerwelt bei vielfach kargem Erwerbe auch noch den Versuchungen einer solchen Doppelherrschaft auszusetzen. Es ist sicherlich eine Unklugheit der Staatsleitung, durch solche Maßregel es mit einem großen Kreise der besten und treuesten Freunde und Diener des Staates zu verderben. Die schon vorhandene Unzufriedenheit in diesen Kreisen wird man dadurch nur befördern und in dieser Unzufriedenheit wird die Saat der Sozialdemokratie einen günstigen Nährboden finden. Von den dazu gedrängten Lehrern erwartet man dann, daß sie die Kinder gegen die Verlockungsgefahren der Sozialdemokratie stählen sollen!

Die Volkslehrer sollen die Kinder des Volkes erziehen zu männlichen Charakteren, die aus Erkenntniß des Rechten das Rechte wollen; dazu müssen die Lehrer selbst Charaktere sein. Charaktere aber gedeihen nicht in einer engherzigen Gebundenheit, sondern nur in einer größeren Freiheit. Wer ihnen diese verkürzt, schädigt ihre Selbstständigkeit, die zum Charakter gehört. Menschen wollen geleitet, aber nicht engherzig dirigirt und gemeistert sein. Der Staat braucht die Lehrer als die Begründer der ihm dienlichen einheitlichen Volksbildung, daher begeht er zugleich ein Unrecht an sich selbst, wenn er um des Religionsunterrichtes willen die Lehrer unter eine Doppelherrschaft von Staat und Kirche stellt, bei welcher die letztere unbedingt siegen muß, weil sie die Beziehung zum heiligsten, was der Mensch hat, beherrscht — die Religion und demgemäß den Religionsunterricht.

Die Lehrer hängen am Religionsunterricht, er ist ihnen lieb und werth, Vielen erscheint er als die Seele ihres Unterrichtes; die Lehrer sind auch der wohl begründeten Meinung, daß wie in Allem so auch zur Ertheilung dieses Unterrichtes pädagogische Schulung und pädagogische Erfahrung gehört. Die Lehrer sind auch der Ansicht, daß nicht Alles, was in dieser Beziehung für die kirchliche Unterweisung der Erwachsenen taugt, ebenso für den Unterricht kleiner Kinder paßt. Die Lehrer haben die Meinung, daß sie dies vielfach besser verstehen als die ihnen vorgesetzten Geistlichen. Die etwa vorhandenen Bedenken derselben wollen sie gern in kollegialem Verkehr oder auf sonst geordnetem Wege in Erwägung ziehen, aber sie finden es ihrer ganzen Vorbildung unwürdig und für die Sache schädlich, wenn das Gesetz sie kurzweg den Weisungen dieser Herren unterstellt. Darin hat die Lehrerwelt, welche unter dem staatlichen Schutze der Seminarbildung in unserem Jahrhundert ausgebildet worden ist, nach unserer Ansicht vollständig Recht. Zur Zeit Friedrichs des Großen war dies anders, weil es damals noch kaum eine Seminarbildung für Lehrer gab. Selbst gut konservative und gut kirchenpolitische Männer haben den Lehrern darin zugestimmt. Selbst ein an sämmtliche Königl. Konsistorien und Provinzial-Schulkollegien gerichtetes Cirk.-Reskript des Ministers von Eichhorn vom 30. Januar 1842 hob hervor, daß seit der vollkommeneren Vorbildung der Volksschullehrer durch Seminarien, die Predigtamtskandidaten „in der Fertigkeit methodischer Entwickelung der Begriffe und gemeinfaßlicher Erklärungen und Vorträge oft in einem hohen Grade hinter den Schullehrern zurückstehen," und forderte deshalb von ersteren den Nachweis hinlänglicher Geschicklichkeit in der Ertheilung und Leitung des Religionsunterrichtes und genaue

Bekanntschaft mit dem Elementarschulwesen, namentlich mit den Methoden der Lautlehre, des Lesens, des Religionsunterrichts, der deutschen Sprachlehre und des Gesangunterrichts. — In der Verfügung des Kgl. Konsistoriums einer Provinz von 1859 liest man die Worte: „Wenn aber die Schulaufsicht mancher Pfarrer nur wenig Segen bringt, so mag dies auch in dem Mangel bei der zur Führung derselben nöthigen Kenntniß bei ihnen seinen Grund haben, und es ist, was den Unterricht betrifft, von einem jeden geistlichen Schulaufseher zu verlangen, daß er wenigstens wisse, wie die einzelnen Gegenstände zu behandeln und in welche Verbindung sie unter einander zu setzen sind." — Recht bitter hat sich schon im Jahre 1845 der als konservativ und strenggläubig bekannte Provinzialschulrath Dr. Landfermann über die mangelhafte pädagogische Vorbildung der Geistlichen in Bezug zu ihrem Schulaufsichtsberuf also ausgesprochen: „Es fehlt meines Erachtens sehr viel, daß auch nur die Mehrzahl dieser Pfarrer genaue Kenntniß und praktische Einsicht in das Volksschulwesen hätte und andererseits mit voller Liebe und Hingebung dasselbe pflegen. Vielmehr ist nur zu oft mit dem Mangel an Einsicht auch Gleichgültigkeit, ja ein hochmüthiges und eifersüchtiges Verhalten gegen die Lehrer verbunden. — Im besten Falle, namentlich dann, wenn der Pfarrer ein eifriger Pfarrer ist, bleiben nur Nebenstunden für die Schulpflege. Hingebung für dieselbe ist nicht zu erwarten; von dieser aber dürfte die Einsicht bedingt sein, welche mit der steigenden Bildung der Lehrer Schritt halten könnte. Aufsicht ohne Einsicht, ohne genaue fortschreitende, praktische Einsicht ist ein Scheinwesen, dem keine menschliche Macht Wahrheit und Wirksamkeit geben kann." Aus Allem zieht Landfermann den Schluß: „Es wird und muß einmal die Zeit kommen, wo die Schule aus der Aufsicht der Pfarrer in eine wirklich sachverständige, ganz ihr angehörende Aufsicht übergeht. — Dies werden manche Pfarrer, welche in sehr unevangelischer Weise sich selbst mit der Kirche verwechseln, eine Emanzipation der Schule von der Kirche nennen; es wird aber nur eine Emanzipation von den Pfarrern sein, welche übrigens aus dem bei jeder sich entwickelnden und umfassender werdenden Angelegenheit unabweislich eintretenden Prinzip der Vertheilung der Arbeit sich von selbst gestalten wird." Landfermann nahm auch keinen Anstand auszusprechen, "daß die unleugbar traurige Spannung zwischen Lehrer und Pfarrer zum größeren Theile von letzteren durch unberechtigte Anmaßung bei Gleichgültigkeit und Mangel an Einsicht verschuldet sei [8])." — Daß gleiche Erfahrungen über die mangelhafte pädagogische Ausbildung der Geistlichen bei den Prüfungen, an denen ich theilnahm, auch von mir gemacht sind, habe ich schon wiederholt ausgesprochen und durch thatsächliche Anführungen begründet [9]). Gewiß verstehen im Allgemeinen manche Geistliche noch mehr von Pädagogik als andere Menschen, aber ebenso gewiß sind ihnen darin viele Lehrer über, und zwar auch in der Kunst, Kinder in der Religion zu unterweisen. Der lange Zeit nun oder doch vorzugsweise von Geistlichen schulmäßig ertheilte Religionsunterricht bildet einen der dunkelsten Punkte in der Schulgeschichte. Die Geistlichen sind alle Zeit nur zu geneigt gewesen, Theologie und Religion zu verwechseln und demgemäß auch die Kinderseele mit der Prüfung und Einprägung konfessionell-dogmatischer Lehren zu plagen, welche für die Kinderseelen leere Worte ohne Sinn bleiben, weil sie dieselben noch gar nicht fassen können. Die Kinderseelen von Volksschülern zumal verstehen doch nur den Kern der religiösen Wahrheiten, der allgemein ist, den Glauben an eine göttliche Weltleitung und die Erkenntniß der ihr dienenden sittlichen Gebote. Was ihnen darüber hinaus schon vor dem vierzehnten Lebensjahre, also vor dem Abschluß ihrer Volksschulbildung geboten wird, kann nur dazu dienen, in ihnen das dunkle Bewußtsein ihrer Zugehörigkeit zu einer bestimmten Religions- oder Kirchengemeinschaft anzugewöhnen. Dies spreche ich offen aus, ohne damit dieses Bewußtsein irgendwie herabsetzen zu wollen, auch ohne das frühe Gewöhnen der Kinder an dieses Bewußtsein vermieden sehen zu wollen. Aber die Hauptsache muß doch bleiben, daß darüber die Werthschätzung des allgemeinen Kerns allen Religionsglaubens nicht zu kurz kommt, damit die menschlich natürliche Neigung, auch hier das Gemeinsame mehr zu suchen als das Trennende von vornherein mehr Nahrung erhält als die im späteren Geisteskampf leicht eintretende Neigung, das Trennende stärker zu betonen als das Gemeinsame. Dies zu erkennen und darnach zu handeln treibt den wahrhaft Frommen schon die eigene Sehnsucht nach solcher Gemeinschaft an, und für jeden nicht durch konfessionelle Parteisucht Geblendeten muß dieser Trieb als vollständig gerechtfertigt erscheinen gegenüber der Kindesnatur, die Anderes noch nicht versteht. Die Kirche sollte froh sein, wenn die Schule ihr religiös so vorgebildete Kinder zum Behufe der in die weiteren Unterschiede des Glaubens eingehenden Kirchenlehre darbietet und sie sollte überzeugt sein, daß dies um so besser geschieht, je weniger sie selbst sich unmittelbar in dieses Geschäft einmischt. Dies Geschäft ruht am besten in den Händen kundiger Pädagogen.

Das sind — höre ich die Gegner rufen — ja lauter abgestandene Ideen aus der Schule Rousseau's und anderer gottloser Menschen, der Atheisten, um mich des bereits Jahrhunderte überdauernden und neuerdings unter uns wieder in Kurs gebrachten Beschuldigungswortes zu bedienen.

Darauf erwidere ich, das sind nicht ganz, sondern nur theilweise Rousseau's-Ideen, aber darum sind sie noch nicht schlecht. Nur dem Unkundigen kann Rousseau als ein Gottloser gelten; Rousseau glaubte gerade mit seinen Ideen die stark keimende Gottlosigkeit seiner Zeit zu bekämpfen. Dieselbe Bedeutung haben diese Ideen in meinen Augen auch für unsere Zeit.

Unzweifelhaft, es keimt wieder eine große Saat des Unglaubens in unserer Zeit, nach meiner Ueberzeugung der tendenziös gewollten mehr als der wirklichen Gottlosigkeit des Glaubens, wie dies auch zu andern Zeiten stets der Fall war. Gar Viele, die so reden, als wären sie Atheisten, haben sich eine klare Vorstellung darüber nicht errungen, welche Vorstellungen sie damit verbinden sollen; sie wissen das ebenso wenig, wie Diejenigen ihrer Gegner, die sie bekämpfen. Die darüber in der Kammer neuerdings geführten Reden hinterlassen bei einem Philosophen von Fach und vielleicht auch bei manchem andern philosophisch gebildeten Manne geradezu einen bedrückenden Eindruck in Betreff des hervorgetretenen Bildungsniveaus unserer Zeit, insofern solche Kämpfe durch aufreizende Worte nur hervorgerufen werden konnten, wenn man von der Nutzlosigkeit oder Schädlichkeit solcher Erregungen aus schon recht alter Zeit gar nichts weiß.

Aber gleich viel, bleiben wir bei unserer Zeit. Mag der mehr oder weniger nach Gottlosigkeit strebende Unglaube in hohen und geringen Kreisen unseres Volkes vorhanden sein, forsche man doch einmal nach, woher er entstanden ist. Die eifrigen Gegner pflegen mit Fingern auf die an den Hochschulen gepflegte gottlose Wissenschaft hinzuweisen, welche durchsickernd den einfachen Volksglauben vergifte. Wer dies behauptet, redet die Wahrheit nicht. Im Großen und Ganzen erachten die deutschen Universitäten es nicht als ihren Beruf, Gottlosigkeit zu lehren, viel häufiger wird man in ihren Sälen Gegenrede hören. Der Kampf um Strauß' alten und neuen Glauben hat dies Jedem beweisen können, der lernen wollte. Auch sind die Beziehungen zur Universitätswissenschaft seitens der Volkskreise, in welchen das gilt, was man Atheismus nennt, so eng nicht, daß hier die Quelle der sogenannten Gottlosigkeit gesucht werden könnte. Forsche man doch einmal ernsthaft nach bei den Sozialdemokraten und ihren Führern nach dem Ursprung ihrer gottlosen Tendenzen. Ich habe dies schon in meiner Vaterstadt Hamburg als Student und hier in unseren Provinzen als Mann gethan. Der Kandidat Göhre, der sich in Sachsen als Arbeiter zu den Arbeitern gesellte, mit ihnen lebte und arbeitete, hat es noch besser und gründlicher gethan, und seine Erfahrungen in dem lesenswerthen, 1891 erschienenen Buche: „Drei Monate Fabrikarbeiter" mitgetheilt.

„Ich gehe fast nie mehr in die Kirche, das haben wir ja Alles schon in der Schule genug gehabt" — sagte ihm ein Dreher, ein heiterer, freilich etwas kalter, aber sonst verständig urtheilender Mann. „Zum Pastor gehe ich schon lange nicht mehr in die Kirche. Denn was der mir sagt, weiß ich längst aus der Schule und Konfirmation" — sagte ein Anderer vom Lande, der noch an ein höheres Wesen und an eine göttliche Fügung glaubte, auch noch betete, obgleich er wisse, daß es nichts helfe. „Meinen Glauben habe ich für mich" — sagte ihm ein

Dritter. „Was im ganzen alten Testamente steht, daran glaube ich nicht. Auch nicht an die Geschichte von der Schöpfung der Welt. Und im Neuen glaube ich auch nicht Alles. Nur was von Gott und dem Heiland darin steht, mag ja etwa wahr sein." Auch zwei Katholiken waren unter dieser Kategorie. Der Eine ging noch dann und wann mal in eine evangelische Predigt und bekannte, daß er nicht mehr an die Heiligen, die Mutter Maria u. a. glaube, aber doch noch an Gott und Christus. Von den Pfaffen redeten diese Leute nur als von großen Heuchlern, von deren unwahren Lehren sie sich nun überzeugt hätten, von denen sie sich deshalb nichts mehr sagen ließen. Ueber Christi von den Theologen ihm „zugemuthete" Göttlichkeit lächelten diese Leute; vor ihm, als großen sozialen Reformator, der mit religiösen Mitteln, aber vergeblich das goldene Weltalter heraufführen wollte, hatten sie noch Achtung und Ehrfurcht.

Was lehren uns nun diese und ähnliche Aeußerungen? — Jedenfalls, daß der Religionsunterricht der Volksschule diesen Leuten den wünschenswerthen religiösen Halt für's Leben nicht gegeben hat und daß die Schuld daran die Art trägt, in welcher derselbe ihnen dargeboten ward. Religion war ihnen nur als Wissensgegenstand, als Unterrichtsgegenstand entgegen gebracht, Unverstandenes hatten sie lernen und wieder lernen müssen. Das hatten sie ja nun Alles schon gehabt und erledigt in der Volksschule, wozu sich nun mit der fortgesetzten Wiederholung noch im späteren Alter plagen? — Ueberdies glaubten sie nun später auf Grund des Umganges mit anders Denkenden an dem konfessionellen Gewande, in welchem ihnen der Unterricht dargeboten war, allerlei Flecken und Löcher zu entdecken, begannen nun an der Echtheit des Gewandes zu zweifeln und verloren mehr und mehr alles Vertrauen auch zu dem Kern, den das Gewand umhüllt. Das ist die wahre Entstehungsgeschichte des keimenden Unglaubens und der zunehmenden Gottlosigkeit im Volke.

„Die alten Gebilde und Denkformen, in die der Glaube des Christenthums bisher gefaßt und geprägt war — bemerkt der genannte Kandidat Göhre — sind in der Masse der großindustriellen Arbeiter für immer zerstört. Und mit den Gefäßen ist für Viele von ihnen heute auch der Geist zerbrochen, der sie erfüllte, und der allein das Wesentliche, das Werthvolle, die Wahrheit ist."

Die Schuld dieses Zustandes trägt also gerade der von ihnen in der Volksschule genossene konfessionelle Religionsunterricht; der Unglaube dieser Menschen ist dem Hasse gegen die Religion, wie sie ihnen gelehrt war, entsprungen. Nachdem sie deren dogmatische Trostlosigkeit und Unwahrhaftigkeit glaubten erkannt zu haben, suchten sie durch Vorurtheile geblendet geflissentlich alle Religion aus ihrer Seele zu reißen.

Und diese Menschen glaubt man nun dadurch von ihrem Irrwege abbringen zu können, daß man ihre Kinder gegebenenfalls zwingen will, an irgend einem konfessionellen Religionsunterrichte in der Schule Theil zu nehmen! — Man glaubt ihren gottlosen Haß überwinden zu können, indem man ihnen noch mehr Stoff für diesen Haß zuführt! Gott hat diejenigen mit Blindheit geschlagen, welche glauben auf diesem Wege das Heil finden zu können. Bebel nannte jüngst in einer sozialdemokratischen Versammlung diesen Glauben mit vollem Rechte naiv.

Die aus diesem Glauben aber in dem Volksschulgesetzentwurf gezogenen Folgerungen werfen uns ebenfalls um ein volles Jahrhundert zurück. Zur Religionsbildung giebt es keinen Zwang und darf auch keiner versucht werden. Jeder Versuch dazu erschüttert das Vertrauen zur Wahrheit der Sache. Bei den Sozialdemokraten herrscht schon jetzt die Ansicht, wie sie gegen den Kandidaten Göhre ausgesprochen ward: „die längst überholte, innerlich unwahre, in ihrem Leben todte Kirche sei heute nichts als ein sehr erwünschtes und kräftiges Polizeiinstitut des bestehenden Staates, der es eifrig und künstlich aufrecht erhalte." Die Staatsmacht, die dazu der Kirche ihren Arm leiht, schadet dem eigenen Ansehen und untergräbt überdies die Religion. Bei der interkonfessionellen Gleichgültigkeit des Staates läßt ein solches Verfahren sowohl in den Augen der wahrhaft Gläubigen wie der Ungläubigen die Religion nur als ein Mittel zum Zweck, als ein Mittel zur leichteren Beherrschung menschlicher Leidenschaften erscheinen und drückt eben dadurch den Werth und die Würde der Religion selbst herab.

Demgemäß verwarf denn auch schon das Allg. Landrecht (Th. 2, Tit. 12, § 11) jeden derartigen Zwang mit dem Satze: "Kinder, die in einer anderen Religion, als welche in der öffentlichen Schule gelehrt wird, nach den Gesetzen des Staates erzogen werden sollen, können dem Religionsunterrichte beizuwohnen in keinem Falle angehalten werden."

Der vorliegende Gesetzentwurf meint nun bei der Anwendung dieses längst feststehenden Grundsatzes doch an einem Punkte Halt machen zu müssen, dann nämlich — wenn solche Kinder erweislich in gar keiner anderen Religion unterrichtet würden, wenn jegliche moralisch-religiöse Unterweisung fehle. In solchem Falle müßten diese Kinder — so meinen die namhaftesten Vertheidiger des Gesetzentwurfs, Graf Caprivi und Graf Zedlitz — zwangsweise auch gegen den Willen der Eltern zur Theilnahme an einem konfessionellen Religionsunterrichte, gleichviel welchem, gezwungen werden. Kein Kind in Preußen — sagte Graf Zedlitz — dürfe aufwachsen, ohne daß es einen Ton tieferer sittlicher Wahrheit an sein Ohr habe schlagen hören. Eine allgemein menschliche Moral gebe es nicht, wohl aber eine allgemein menschliche Unmoral. Es sei die Aufgabe aller Religionen und ganz besonders der christlichen gewesen, diese dem Menschen angeborene Unmoral in Moral umzusetzen. Wäre das nicht richtig, dann brauchten wir die Religion überhaupt nicht.

Dazu rief man rechts und im Zentrum — sehr gut.

Mit Erstaunen entnahm ich daraus, daß man rechts und im Zentrum die Religion also nur als Dienerin menschlicher Moral kennt. Mir hat die Religion eine tiefere und weitere Bedeutung. Mir scheinen diese Aeußerungen des Grafen Zedlitz — weder richtig noch gut.

Was allgemein menschliche Unmoral ist, kann doch nur an den Grundsätzen einer allgemein menschlichen Moral, einer in der Natur des Menschen begründeten Moral gemessen werden. Nur das Positive erklärt das Negative. Um zu wissen, daß Jemand krank ist, muß ich erst wissen, wie er sein muß, wenn er gesund ist. Wer eine allgemein menschliche Unmoral behauptet, muß zuvor auch eine allgemein menschliche Moral anerkennen.

· Eine solche — das ist auch meine Ueberzeugung — liegt im Kerne aller Religionen, am besten und reinsten im Kerne der christlichen Religion. Recht schwer aber ist es oft, diesen Kern aus der konfessionellen Schale herauszuholen. Wer die dogmatischen Fassungen des Tridentinischen Koncils, der Konkordienformel, des Heidelberger Katechismus der Reformirten über die Willensfreiheit kennt, der weiß dies. Er weiß, daß man in den nach solcher unterschiedlichen dogmatischen Feststellung aufgebauten Katechismen die Wahl hat zwischen gründlicher Leugnung der Willensfreiheit und so oder anders bedingter oder beschränkter Zulassung der Willensfreiheit. Und doch ist die Annahme oder Leugnung der Willensfreiheit ein Grundproblem des sittlichen Lebens der Menschheit, das mehr als vieles Andere sein sittliches Handeln bestimmt! Nun, das christliche Volksbewußtsein hat sich nie viel um die hitzigen darum ausgekämpften Zänkereien der Theologen gekümmert und an dem echt christlichen Glauben festgehalten, daß der Mensch die Verantwortung für sein sittliches Thun mit zu tragen hat, daß er seine Willensschwäche zum Guten allenfalls entschuldigen kann, aber niemals aus dem Mangel an Willensfreiheit rechtfertigen darf. Das ist ein Punkt von vielen, an welchem sich zeigt, was unkonfessioneller christlicher Glaube ist.

Solchen moralischen Glauben, der mit zum Kerne aller Religionen gehört, wollen wir mit manchen großen Denkern der Menschheit als die rechte Vorbereitung zum Verständniß der weiteren Tiefen und Geheimnisse der Religion ansehen und lassen uns sicherlich in diesem Glauben nicht durch ein preußisches Volksschulgesetz beirren, auch nicht durch die beredten Worte des Grafen Caprivi und des Grafen Zedlitz, die nur scheinbar anderes wollen. Im Grunde reden ja auch sie vor Allem immer nur von dem Gottesglauben und von christlich-sittlichen Wahrheiten, welche allen Kindern nahe gebracht werden müßten, und bezeugen damit wider Willen die Wahrheit unserer eigenen Ueberzeugung, daß es einen allgemein menschlichen Glauben giebt, den nur die christliche Religion ursprünglich am reinsten darbot, den aber allmählig die konfessionellen Gestaltungen derart mit Zuthaten überschütteten, daß die Werthschätzung des Kernes darüber immer mehr in den Hintergrund gedrängt ward, bis nun schließlich bei den Massen mit den zum Theil berechtigten Zweifeln über diese Zuthaten, die schon wegen ihrer Verschiedenheit nicht alle den Stempel der Wahrheit an sich tragen können, auch die Schätzung des allgemein echten Kernes verloren zu gehen droht.

Einen solchen Unterricht allgemein moralisch religiöser Anregung nun kann man unanfechtbar in jeder Staatsschule ertheilen lassen, losgelöst von der konfessionellen Fassung wenn auch zunächst nur aus pädagogischen Gründen, weil Kinder die konfessionellen Unterscheidungslehren doch noch nicht verstehen, also mit dem Vorbehalte späterer kirchlichen Ergänzung. Sobald man sich dazu entschließen will, verschwinden aus der Staatsschule die schwierigsten zwischen Staat und Kirche schwebenden Streitigkeiten in der Schule. So lange man sich dazu nicht entschließen kann, werden diese Konflikte immer wiederkehren. Der Staat wird dann gelegentlich wieder den Gebrauch eines Deharbe'schen Katechismus in der Schule verbieten müssen und die Kirche wird sich dagegen auflehnen; oder soll unsere Staatsbehörde etwa in Zukunft dulden, daß es in der diesem Katechismus angehängten Religionsgeschichte heißt: „Dessen ungeachtet gewann Luther in kurzer Zeit einen großen Anhang, denn der leichtsinnigen Volksklasse gefiel die bequeme, dem sinnlichen Menschen zusagende Lehre, und den habsüchtigen Großen kam die Aufhebung der Stifte und Klöster sehr gelegen[10])?" — Ebenso wird die katholische Kirche fortfahren, trotz des staatlichen Entgegenkommens in § 112 die Geltung ihres Grundsatzes der besonderen missio canonica zur Ertheilung des Religionsunterrichtes zu beanspruchen und die Staatsregierung wird fortfahren müssen, um die jeweilige Anwendung dieses Grundsatzes mit der Kirche zu streiten. Wir wollen zugeben, daß bei verträglichem Sinne von beiden Seiten ein modus vivendi gefunden werden kann, bei welchem derartige Konflikte vermieden bleiben; wir müssen aber zugleich fragen, auf welcher Seite liegt das entscheidende Wort, wenn solche Konflikte dennoch eintreten? Nach dem ministeriellen Erlaß vom 21. Dezember 1874 ist die Ertheilung des Religionsunterrichtes in den öffentlichen

Schulen nicht als geistliches Amt aufzufassen, die Berechtigung zur Ertheilung des Religionsunterrichtes soll lediglich aus der Uebertragung des Amtes seitens des Staates entspringen. Dem berechtigten kirchlichen Anspruch soll durch die Mitwirkung bei der seminaristischen Befähigungsprüfung genügt sein. Die Gültigkeit dieser Auffassung ist durch ein Erkenntniß des Obertribunals ausdrücklich anerkannt. Das Zentrum hat diese Auffassung trotzdem jederzeit bestritten; ist es nun gewillt, nach dem staatlichen Zugeständniß des kirchlichen Vetos bei der Ertheilung des Befähigungszeugnisses die Forderung der missio canonica aufzugeben? Wir glauben dies nicht, denn es liegt der streitenden Kirche daran, den Lehrer in diesem Punkte dauernd als nur von der Kirche abhängig und in ihrem Auftrage dienend zu erhalten. Kann und will die Staatsregierung solcher Auffassung zustimmen? — Ist dies der Fall, nun, dann besteht der Unterschied zwischen sonst und jetzt eben darin, daß bisher für die Schule der Staat das letzte Wort zu reden hatte, von jetzt ab die Kirche das letzte Wort haben soll.

Es ist darauf hingewiesen, was bei uns jetzt Gesetz werden solle, sei in Baden bereits seit Jahrzehnten Gesetz; das ist richtig. Erwidert hat man, im Lande der obligatorischen Simultanschule bedeute solches Entgegenkommen gegen kirchliche Ansprüche in Betreff des Religionsunterrichtes etwas Anderes, als bei uns; auch dies ist richtig. Wir wollen hier davon absehen, dies weiter zu erörtern, müssen aber darauf hinweisen, daß auch diese badischen Bestimmungen des Gesetzes den Ansatz zu unlösbaren Konflikten in sich tragen, solche Konflikte auch schon erzeugt haben und daß selbst dieses weite Entgegenkommen die Gegner nicht zu Freunden des badischen Schulgesetzes gemacht hat. Schon im Jahre 1860 hat Jolly in einer Schrift über die damaligen, die rechtliche Stellung der Kirchen und kirchlichen Vereine betreffenden Gesetzentwürfe geurtheilt, dieselben würden wegen ähnlicher Bestimmungen bei Konflikten unzulänglich sein. Das Schulgesetz von 1868 mit allen späteren Verbesserungen hat daran im Wesentlichen nichts geändert. Es hat nur durch seine weiteren Ausführungen den Kirchen so zu sagen eine Mahnung zukommen laſſen, das gewährte Recht der Beeinfluſſung des Religionsunterrichtes in den Staatsſchulen nicht zum Schaden des einheitlichen Schulgeiſtes zu mißbrauchen und hat für ſolche Fälle das ſtaatliche Selbſtbeſtimmungsrecht im Allgemeinen vorbehalten. Wie aber daſſelbe beim Eintritt ſolcher Konflikte hinſichtlich des Religionsunterrichtes auszuüben ſei, ſagt das badiſche Geſetz ebenſo wenig wie das preußiſche. Dies hat überhaupt bisher in ähnlichen Fällen noch kein Schulgeſetz zu ſagen gewußt, welches für die Beſtimmungen über den Religionsunterricht die Vereinbarung zwiſchen Staat und Kirche zur nothwendigen Vorausſetzung hat. Nach meiner Anſicht wird auch kein Geſetz unter Feſthaltung dieſer Vorausſetzung je eine Löſung aus ſolchen Konflikten zu bringen im Stande ſein. Auch hier behält das Sprichwort recht mit ſeiner Behauptung, daß man nicht zweien Herren dienen kann.

Das Preisgeben des letzten Wortes aber ſeitens des Staates auf dieſem wichtigen Gebiete der Volksſchule gilt uns als verhängnißvoll für die Schule, für die Religion, für unſer Land. Noch einmal rufen wir unſerm Lande zu, man verſuche es doch einmal auf einem anderen Wege, der frei von ſolchen Schwierigkeiten und Kämpfen iſt. Beſſer als die Fortſetzung des immer wiederkehrenden Zwiſtes um den Religionsunterricht in der Staatsſchule iſt doch noch die Ueberlaſſung des beſonderen konfeſſionellen Religionsunterrichtes an die Religionsgeſellſchaften unter Feſthaltung einer allgemein religiös-ſittlichen Unterweiſung und Anregung in der Schule ſeitens des dazu vorgebildeten Lehrers. Daß die Religion dabei nichts verliert, ſondern vielmehr gerade durch ſolche Herausnahme aus dem Unterrichtsgetriebe an Würde und Werth gewinnen kann, beweiſt die Unterrichtsgeſchichte vieler Völker und Zeiten. Das ganze klaſſiſche Alterthum beweiſt dies. Unter uns waren die Judenkinder in unſeren höheren Schulen dafür lange Zeit ein redendes Beiſpiel. Je weniger die Religion der kirchlichen Gemeinſchaft als Unterrichtsgegenſtand der Schule behandelt, eingelernt und abgefragt wird, um ſo geheiligter und bedeutungsvoller erſcheint ihr

Ansehen. Das ist längst meine Ansicht gewesen; sie wird vielfach getheilt von Männern, die man zu den Strenggläubigen und Frommen im Lande zählt. Viele Eltern und Lehrer wollen solche Lösung nicht, das ist mir wohl bekannt. Auch dem kann man Rechnnng tragen, wenn man will. Man braucht diese Lösung nur so weit in Aussicht zu nehmen, als Konflikte eintreten. Wenn staatlicherseits der ernste Willen gezeigt wird im Nothfall zu dieser Lösung zu greifen, genügt vielleicht schon dies andererseits die Herbeiführung solcher Konflikte zu vermeiden. Die Hauptsache bleibt, das Gebiet des Religionsunterrichtes frei von Staatszwang zu halten und durch keinerlei Rücksicht auf demselben eine Doppelherrschaft von Staat und Kirche über die Schule herbeizuführen. In erster Hinsicht scheinen ja die Kommissionsbeschlüsse einige Beruhigung zu bieten, in letzter Hinsicht aber leider nicht. Auf diesem Punkte scheint der strenge Konfessionalismus den Sieg über die Staatsrücksicht davon tragen zu sollen.

Doch scheint es fast, als ob ein Gefühl von der Strenge des zur Geltung gebrachten Konfessionalismus den Minister ganz besonders bewogen habe, dem Privatunterricht eine freiere Bahn zu eröffnen, um den bedrängten Gewissen freier Denkenden zu Hülfe zu kommen. Dahin wenigstens lauten die Worte der Denkschrift zur „Begründung des Entwurfs eines Volksschulgesetzes" zu den §§ 81—83. Nachdem darauf hingewiesen, daß die Zahl der Privatschulen in Preußen überhaupt letzter Zeit stetig zurückgegangen sei, daß es am 20. Mai 1886 in den Städten nur noch 150, auf dem Lande nur noch 98, zusammen also nur noch 248 nach dem Lehrplan der Volksschule arbeitende Privatschulen gegeben habe, heißt es daselbst: — „Trotz des Bildes, welches diese Zahlen geben, erscheint ein Schutz der Privatschule dringend geboten. Wird auch von den Diensten abgesehen, welche sie als Versuchsfeld für Erziehung und Unterricht dem gesammten Schulwesen geleistet hat, und von dem Ersatz, welchen sie in den Zeiten gewährte, wo der Staat seine erziehliche Aufgabe noch nicht voll zu lösen vermochte, so bleibt doch bestehen, daß privater Unterricht und Aufnahme in die Privatschule die letzte Gewähr eines beunruhigten Gewissens sein kann. Namentlich die Strenge, mit welcher in den §§ 14 und 15 das konfessionelle Prinzip durchgeführt wird, muß es den Angehörigen konfessioneller Minderheiten nahelegen, sich von einer Schule zurückzuziehen, welche sie für ihre Kinder nicht wollen. Von diesen Gesichtspunkten aus sind in den Vorschriften der vorbezeichneten Paragraphen der Entwickelung der Privatschulen weite, freie Bahnen gelassen".

Nach dem Wortlaut dieser Begründung muß man annehmen, daß die zugelassene Privatschulfreiheit den konfessionell anders Denkenden einen Schutz gewähren soll gegen die Strenge des in den §§ 14 und 15 zur Geltung gebrachten konfessionellen Prinzips. Dies anders Denken kann sich aber nicht auf ein Denken außerhalb der Konfession, welcher die Schule angehört, beziehen, denn für die Angehörigen solcher konfessionellen Minderheiten giebt ja der § 15 bei genügender Kinderzahl das Recht zur Forderung einer neuen Schulgründung seitens der Gemeinde. Es kann sich also nur um ein anderes Denken innerhalb der Konfession handeln, wie es sich innerhalb des Katholizismus bei den Altkatholiken entwickelt hat oder wie es innerhalb des evangelischen Glaubens bei verschiedenen Richtungen und Sekten längst ausgebildet ist. Und thatsächlich müßte diese Schulfreiheit auch allen Denen zu Gute kommen, die in irgend einem Zusammenhang des Denkens außerhalb aller anerkannten Konfessionen und Religionen leben und leben wollen.

Die Bedeutung, welche die Zulassung größerer Schulfreiheit in dieser Richtung haben kann, soll nach den Fällen früheren Zwangsverfahrens gegen Dissidentenschulen durchaus nicht verkannt werden, der Grundsatz dieser größeren Schulfreiheit an sich scheint mir daher durchaus zu billigen; aber den daraus sich nur zu leicht ergebenden Gefahren für die einheitliche Volksschulbildung des Staates muß entschieden gesetzlich vorgebeugt werden und dies werden die Bestimmungen des vorgelegten Volksschulgesetz-Entwurfes nicht genügend leisten.

Diese Gefahren aber scheinen mir viel weniger von seiten Derer besorgt werden zu müssen, denen der Gesetzentwurf zu konfessionell ist, als von seiten Derer, denen er noch nicht streng konfessionell genug erscheint.

Trotz allen Entgegenkommens gegen kirchliche Ansprüche wird die staatliche Volksschule doch noch immer keine Schule so ganz nach dem Herzen des katholischen und evangelischen Klerikalismus sein. Im Geschichtsunterricht, im Lesebuch, in den Gesangsliedern wird den Anhängern dieser Richtungen der Konfessionalismus immer noch nicht rein genug gehalten, noch nicht stark genug aufgetragen erscheinen, auch wird ihnen für den Religionsunterricht immer noch nicht Zeit genug eingeräumt sein, auf alle Fälle wird es ihnen noch sicherer erscheinen, wenn durch Benutzung der Privatschulfreiheit die Volksschule in noch größere Abhängigkeit von den Kirchen gebracht wird.

Das ist die in liberalen Kreisen verbreitete Besorgniß; man befürchtet, daß damit am Ende gar das staatliche Volksschulwesen lahm gelegt werden könnte, wie dies in Belgien zum großen Theil geschehen sei.

Das Recht zu dieser Besorgniß bleibt bestehen, wenn auch die Berufung auf Belgien nicht ganz paßt. Nach dem dortigen Schulgesetz von 1879 war zwar den bürgerlichen Gemeinden die Anlage entsprechender Volksschulen zur Pflicht gemacht, an diesen Schulen sollten nur staatlich vorgebildete und geprüfte Lehrer angestellt werden, nur der Religionsunterricht war in der Schule den Geistlichen überlassen, die Schulen wurden einer rein staatlichen Schulaufsicht unterstellt. Von allen solchen Bedingungen blieb das Privatschulwesen völlig frei. Privatschulen konnten Lehrer anstellen, Lehrpläne einrichten, Lehrbücher gebrauchen ganz nach ihrem Gutdünken. Von jeglicher staatlichen Schulaufsicht blieben dieselben ganz frei, nur wenn sie gemeindliche oder staatliche Unterstützung beanspruchten und erhielten, mußten sie sich auch Staatsaufsicht gefallen lassen. Das Schlimmste aber war, wie schon bemerkt (S. 11), die Gemeinden konnten sich ihrer Pflicht zur Anlage einer Gemeindeschule entschlagen, wenn sie annahmen, dem Schulbedürfniß sei durch vorhandene Privatschulen genügt.

Diese höchst mangelhafte Gesetzgebung bot die beste Handhabe zum Kampfe gegen die bürgerlichen Gemeindeschulen zu Gunsten der klerikal unterstützten Privatschulen. Gegen die ins Leben gerufenen Gemeindeschulen wurde ein Vernichtungskampf geführt, der an leidenschaftlicher Gehässigkeit seines Gleichen sucht. Den Eltern der Gemeindeschüler wurde die Spende der Sakramente verweigert; wenn sie arm waren, die Wohlthätigkeits-Unterstützung entzogen; die Lehrer der Gemeindeschulen wurden in gleicher Weise bedroht und geschädigt, das Leben in der Gemeinde ward ihnen auf alle erdenkliche Art erschwert; die Kinder der Gemeindeschulen wurden im Kommunionsunterricht in geradezu gewissenloser Weise gegen ihre Eltern und Lehrer aufgehetzt, um deren Tod sogar fanatische Priester die Kinder zur Erlösung von dem Schulübel beten lehrten. Und diese geradezu beispiellosen, durch die stattgehabte Schulenquete als thatsächlich erwiesenen Verleumbungen und Gehässigkeiten unglaublich unwissender und fanatischer Priester waren leider erfolgreich. Während vorher die Gemeindeschulen in steter Zunahme, die Privatschulen in steter Abnahme sich befunden hatten, trat nun das umgekehrte Verhältniß in Betreff der Schulen ein. Die Zahl der Gemeindeschulen nahm der gesetzlichen Pflichterfüllung gemäß zu, aber die Schulen standen vielfach leer, weil die Gegner der Staatsschule die Kinder in die klerikalen Privatschulen trieben. Nach den Angaben des Abgeordneten Woeste in der Kammer aus dem Jahre 1884 soll in mehreren Provinzen nur noch 10—18 % der schulfähigen Jugend die Gemeindeschulen besucht haben. Nach seiner Angabe kosteten 83,000 Schüler im Jahre 1875 nur 991,342 Frcs., dagegen nur 17,386 Schüler 1,354,994 Frcs. im Jahre 1881. Die Gemeinden betheiligten sich, wie er behauptete, 1875 mit 328,000 Frcs. an den Kosten für alle Schulen, während sie 1881 für den Bruchtheil allein 503,000 Frcs. aufbringen mußten. An Gehältern für brachgelegte Gemeindeschulmeister sollte man mehr als 2 Millionen Frcs. sparen können. Selbstverständlich diente solche Sachlage zum Rückhalt für die wachsende Klage über die durch das liberale Schulgesetz von 1879 vermehrten Schulkosten.

Zu einer so gefährlichen Ausnutzung der Privatschulfreiheit wird es nun schwerlich in unserem Lande je kommen können. Auch der vorgelegte Gesetzentwurf stellt dem gesetzliche Schranken entgegen. Nach § 81 wird daran festgehalten, daß nur von der betreffenden Staatsbehörde geprüfte Lehrer zur Ertheilung von Unterricht, wie zur Begründung und Leitung von Unterrichtsanstalten zugelassen werden. Als Leiter (Leiterin) von Privatschulen sollen insbesondere nur Lehrpersonen zugelassen werden, welche die Rektoratsprüfung (Schulvorstehe=rinnenprüfung) vor einer preußischen Prüfungskommission bestanden haben, als Lehrer (Lehrerinnen) nur solche Lehrpersonen, welche den für die Lehrthätigkeit an einer Volksschule erforderlichen Befähigungsnachweis besitzen. Mit der Anzeige von der Absicht, eine solche Unterrichtsanstalt zu gründen, ist nach § 82 der Kreis=(Stadt=)Schulbehörde außerdem ein Lehrplan einzureichen, der vom Regierungspräsidenten festzusetzen ist. Aenderungen des Lehrplanes sind vor Einführung derselben zur Genehmigung in dem gleichen Verfahren vorzulegen. Treffen die gesetzlichen Voraussetzungen, unter denen die Ertheilung von Privatunterricht und die Leitung von Privatunterrichtsanstalten erfolgen darf, nicht mehr zu, so kann nach § 84 durch einen mit Gründen zu versehenden Beschluß des Bezirksausschusses die fernere Unterrichtsertheilung oder Anstaltsleitung bei Vermeidung der gesetzlichen Zwangsmittel untersagt werden. Aller Privatunterricht untersteht auch der Aufsicht des Regierungspräsidenten, welcher die letztere den Kreis=(Stadt=)Schulbehörden übertragen oder durch besondere Beauftragte ausüben lassen kann. Ueberdies begründet nach § 80 der Verzicht auf die Benutzung der öffentlichen Schule keinen Anspruch auf Befreiung von den zur Unterhaltung der öffentlichen Volksschule zu erhebenden Beiträgen.

Diese Bestimmungen zusammengenommen werden wohl gesetzliche Schranken sein, welche eine so bedenkliche Ausnutzung der Privatschulfreiheit, wie sie in Belgien sich gezeigt hat, hindern werden. Dieselben genügen aber doch noch nicht, um Schädigungen des bürgerlichen Gemeindeschulwesens und des mit demselben verbundenen politischen Staatsinteresses vorzubeugen. Nach meiner Ansicht wird es bei solcher gesetzlichen

Einengung den Gegnern des Staatsschulwesens unmöglich sein, im ganzen Lande das bürgerliche Gemeindeschulwesen mit einem Netz von Privatschulen zu umspannen, in welchem die bürgerlichen Gemeindeschulen allmählich ersticken müssen; dazu wären dauernd zu große Summen erforderlich. Wohl aber bleibt es möglich, immerhin beträchtliche Mittel zunächst auf die Ziehung solcher Netze in besonderen Landestheilen zu verwenden, und dies werden gerade solche Landestheile sein, in welchen ein derartiges Netz von staatlich unabhängigeren Schulen auch politisch höchst bedenklich sein könnte, man denke nur an die polnischen und anderen Grenzgebiete unseres Landes. Ganz besonders bedenklich muß ferner die mit Berufung auf Art. 22 unserer Verfassungsurkunde also grundsätzlich festgestellte Unterrichtsfreiheit erscheinen, wenn man bedenkt, daß dieselbe folgerichtig dann nicht nur für das Volksschulgebiet, sondern naturgemäß auch für das ganze Gebiet der höheren und höchsten Schulen ebenso wird Geltung beanspruchen müssen. Mangelhaft begrenzt kann dieselbe auf diesen Gebieten aber noch viel größeren Schaden anrichten. Schon jetzt übt besonders in katholischen Landestheilen die konzessionirte Privatschule auf dem Gebiete des höheren Mädchenschulwesens höchst bedenkliche Wirkungen aus. Mit ähnlichen Mitteln, wie sie in Belgien zur Unterstützung der klerikalen Privatschulen angewandt sind, werden die freieren Privatschulen lahm gelegt und auch die von Gemeinden unterhaltenen höheren Töchterschulen mit geistlichen Mitteln bekämpft. In mancher rheinischen Stadt sind darüber schon hinreichend Erfahrungen gesammelt. Die Rücksicht auf solche Schwierigkeiten mag schon jetzt manche Stadtgemeinde davon zurückgehalten haben in Betreff der Förderung des höheren Mädchenschulwesens ihre Schuldigkeit zu thun. Mangelhafte gesetzliche Privatschulbestimmungen könnten dies schon vorhandene Uebel leicht vergrößern und dadurch das große Uebel der in den Weltanschauungen völlig getrennten weiblichen und männlichen Jugend hervorrufen, von welchen sich Frankreich eben nach richtiger Erkenntniß des Unheils mit großer Mühe und mit großen Kosten zu befreien rühmlichst angefangen hat.

Gegen solche und andere verderbliche Ausnutzungen schützen

uns die Privatschulbestimmungen des Volksschulgesetzes trotz aller gezogenen Schranken doch noch nicht; die gegebenen Bestimmungen sind in dieser Richtung ungenügend, dieselben sind noch durch weitere Bestimmungen zu ergänzen, wie sie z. B. in dem Schulgesetz Badens bei gleicher Zulassung der Privatschulen sich vorfinden.

Zunächst enthält das Badische Schulgesetz noch einige Bestimmungen, an welche vielleicht in den Bestimmungen des Preußischen Schulgesetzes als in ihnen enthalten schon mitgedacht sein mag; besser wäre es auf alle Fälle, dieselben ausdrücklich hervorzuheben.

Das Badische Gesetz fordert in § 110, 4 von den Privatschulen noch ausdrücklich: „Die Einrichtungen müssen der Art sein, daß für die Gesundheit der Kinder keine Nachtheile zu befürchten sind."

Mit einer solchen scheinbar selbstverständlichen und unbedeutenden Gesetzbestimmung hätte man in Belgien nach dem Ergebniß der dort angestellten Schulenquete eine große Zahl von klerikalen Privatschulen aufheben können; denn um der angeblichen Religionssicherung willen dulden viele Eltern für ihre Kinder einen Aufenthalt in Schulräumen, daß man sagen konnte, für ihre Schweine in den Ställen sei verhältnißmäßig besser gesorgt worden, ungefähr noch wie zur Zeit des seligen Mittelalters, von den Klosterräumen abgesehen.

Sodann enthält das Badische Gesetz in § 112 für die ausbedungene Staatsaufsicht noch die ausdrückliche Bestimmung: „Die Schulbehörden haben in denselben von Zeit zu Zeit Visitationen und Prüfungen vorzunehmen; überdies ist diesen Behörden von den Hauptprüfungen jeweils zeitig Nachricht zu geben, damit sie denselben anwohnen können." Unser Volksschulgesetzentwurf stellt die Staatsaufsicht nur ganz allgemein in das Belieben des Regierungspräsidenten. Auch dies kann bei einem so schwerwiegenden Punkte des Schulwesens nicht genügen, gerade hier muß eine feste gesetzliche Regelung doppelt und dreifach nöthig sein.

Noch wichtiger aber sind die in § 116 des Badischen

Schulgesetzes enthaltenen Einschränkungen der Unterrichtsfreiheit. Dieselben lauten:

„Korporationen und Stiftungen können Lehr- und Erziehungsanstalten nur mit Staatsgenehmigung errichten. Kirchlichen Korporationen und Stiftungen ist die Errichtung einer Lehr- und Erziehungsanstalt nur auf Grund eines besonderen Gesetzes gestattet.

Mitgliedern eines religiösen Ordens oder einer ordensähnlichen religiösen Kongregation ist jede Lehrwirksamkeit an Lehr- und Erziehungsanstalten im Großherzogthum untersagt.

Die Staatsregierung ist ermächtigt, für einzelne Personen in widerruflicher Weise Nachsicht von diesem Verbote zu ertheilen."

Die Aufnahme ähnlicher Bestimmungen in unser Volksschulgesetz würde eine weitere wirksame Schranke gegen nur zu leicht möglichen klerikalen Mißbrauch aufführen. Ein Widerspruch gegen die Bestimmung des Art. 22 unserer Verfassungsurkunde kann recht verstanden in solcher Schulgesetzgebung nicht gefunden werden.

Das in diesem Art. 22 bestimmte Recht freier Unterrichtsertheilung ist nur dem Einzelnen zugesichert. Nur der Einzelne ist im Stande den für dieses Recht ausbedungenen Nachweis seiner sittlichen, wissenschaftlichen und technischen Befähigung zu liefern; Korporationen, Stiftungen, Genossenschaften können diesen Nachweis niemals liefern. Letztere können aber wohl, wird man sagen, einen Einzelnen vorschieben und mit ihren Mitteln unterstützen. Gewiß, das können sie, haben sie auch schon in solchen Fällen gethan und werden sie auch wieder thun. Auf solchem Wege — wird man sagen — könnten dann doch die bürgerlichen Gemeindeschulen durch also verkappte klerikale oder sozialdemokratische Genossenschaftsschulen wenigstens theilweise örtlich lahm gelegt werden. Auch dies wird man zugeben müssen. Zur Vorbeugung gegen solchen Mißbrauch würde sich daher empfehlen, mit noch einer Bestimmung über das Badische Schulgesetz hinauszugehen, mit der Bestimmung nämlich, der Vorsteher einer Privatschule müsse eidlich versichern, daß die Schule ohne Unterstützung von Korporationen, Stiftungen und Genossenschaften gegründet werde und erhalten werden solle. Im Falle einer solchen Unterstützung wären solche Schulen den Genossenschaftsschulen überhaupt gleich zu stellen, wären also nicht verboten, bedürften aber zur Gründung der besonderen Genehmigung der vorgesetzten Staatsbehörde.

Eine solche Ordnung des Privatschulwesens widerspräche in keiner Weise der in Art. 22 der Verfassungsurkunde den Einzelnen zugesicherten Unterrichtsfreiheit. Eine Verfassungsänderung wäre dazu unbedingt unnöthig; eine solche ohne zwingende Gründe vorzunehmen, scheint mir durchaus nicht rathsam. In diesem Falle würde ich sogar die Aufhebung des Art. 22 beklagen, weil ich schon seit langer Zeit aus der Schulgeschichte die Ueberzeugung gewonnen habe, daß gerade bei einem durchgeführten Staatsschulwesen eine richtig begrenzte Privatschulfreiheit nothwendige Sicherheitsventile bietet für Kreise einzelner Unzufriedenen, und was noch mehr wiegt, nothwendige Versuchsfelder für Erziehung und Unterricht, die neben dem zeitweise leicht starr und allzu gleichmäßig werdenden Schulmechanismus des Staates Ansatzpunkte zu neuen segensreichen Fortschritten bieten können. Das Maß für die richtige Begrenzung kann aber immer nur aus dem unserer ganzen Betrachtung vorangestellten Grundgedanken genommen werden: die Begrenzung der Unterrichtsfreiheit muß derart wirksam sein, daß durch ihren Gebrauch oder vielmehr Mißbrauch niemals die Hauptsache vereitelt werden kann, nämlich die, daß die Schulen im Lande ihrem Hauptbestande nach Veranstaltungen des Staates bleiben.

In der hier empfohlenen gesetzlichen Einschränkung würde nach meiner Ueberzeugung dieser Grundbedingung vollauf genügt sein. Die dann noch etwa bleibenden Gefahren gelegentlicher Störungen und Schädigungen müßten und könnten wir um der großen Vortheile willen, welche die gewährte Freiheit den nächstbetheiligten Einzelnen sowohl wie auch dem Staate selbst mit sich bringen kann und mit sich bringen wird, auf uns nehmen.

Diese noch möglichen Gefahren abzuwenden wäre dann vor Allem eine Aufgabe der streng staatlichen Schulaufsicht.

Damit kommen wir zum letzten Punkte unserer Betrachtung des Schulgesetzentwurfes in Bezug auf die zwei Grundgedanken des durchgeführten strengen Konfessionalismus in Verbindung mit der ungenügend begrenzten Unterrichtsfreiheit. Bei diesem letzten Punkte, so weit derselbe in dem vorliegenden Gesetzentwurfe überhaupt berücksichtigt wird, richten sich unsere Bedenken wieder gegen die Ueberspannung des konfessionalistischen Grundgedankens, wie dieselbe namentlich in einzelnen Bestimmungen des Entwurfes deutlich hervortritt, so daß von einer Schmälerung der Staatsaufsicht über das Volksschulwesen unbedingt zu reden ist.

Der Unterrichtsminister hat gegen solche Behauptung wiederholt Widerspruch erhoben. Schon in der Sitzung des Abgeordnetenhauses vom 21. Januar erwiderte der Minister dem Abgeordneten Rickert, er müsse beinahe glauben, derselbe habe den Gesetzentwurf doch noch nicht ganz durchgelesen, sonst müßte es ihm doch klar sein, daß das wesentlichste Hoheitsrecht, das der Aufsicht, in diesem Gesetzentwurf völlig für den Staat unangetastet bleibt.

Diese Entgegnung hat mich nicht beruhigt; ich habe den Gesetzentwurf und seine Begründung wiederholt gelesen, auch mit dem vorjährigen Entwurf und dem Kommissionsbericht prüfend verglichen und muß nun bekennen doch besonders an einer nicht unwichtigen Stelle den Grund gelegt zu finden zu einer durchaus nicht unwesentlichen Schmälerung der Staatsaufsicht zu Gunsten des konfessionalistischen Grundprinzips. Diese Stelle bilden die Bestimmungen über die

Bildung und die Befugnisse der konfessionellen Schulvorstände.

Der vorjährige Gesetzentwurf bestimmte in seinem § 54:
„Der Schulvorstand besteht aus dem Gemeindevorsteher oder dessen Stellvertreter und aus Mitgliedern der Gemeindebehörden (Gemeindevorstand, Gemeindevertretung, Gemeindeversammlung) oder aus diesen und stimmfähigen Gemeindegliedern.

Die besonderen Festsetzungen über die Zusammensetzung werden durch statutarische Anordnung getroffen."

Dazu sollten nach § 75 als von der Schulaufsichtsbehörde widerruflich zu bestellende technische Mitglieder Schulaufsichtsbeamte, Geistliche, Lehrer und soweit angängig Aerzte treten. Den Vorsitz im Schulvorstande sollte nach § 76 in Gemeinden der Gemeindevorsteher, in Gutsbezirken der Gutsvorsteher oder deren Stellvertreter führen.

Diese Ordnung rechtfertigte die Begründung S. 81 aus dem angenommenen Kommunalprinzip und bemerkte in dieser Hinsicht: „Der Entwurf — sieht im Uebrigen für die Verwaltung der Schulangelegenheiten und für die nach § 3 des Schulaufsichtsgesetzes vom 11. März 1872 den Gemeinden verbliebene Theilnahme an der Schulaufsicht die Begründung eines besonderen kommunalen Organs vor, wie solches bisher schon thatsächlich unter dem Namen der Schuldeputation und des Schulvorstandes in verschiedenartiger Zusammensetzung und Zuständigkeit fast überall besteht. Es entspricht dies nicht nur der geschichtlichen Entwickelung, sondern bildet auch die nothwendige Vorbedingung für die gesetzliche Regelung der Theilnahme der Gemeinden an der Schulaufsicht. Denn um gerade hier eine nachtheilige Verquickung mit kommunalen Fragen zu vermeiden, muß das an der Schulaufsicht betheiligte kommunale Organ diejenige innere Selbständigkeit haben, welche durch die fortgesetzte Gewöhnung in der auf ein bestimmtes Gebiet begrenzten Arbeit gewonnen wird. Dieses Organ, der Schulvorstand, soll aus Wahlen der übrigen Gemeindebehörden hervorgehen; es sollen ihm aber im Interesse einer gedeihlichen Verwaltung, insbesondere der inneren Schulangelegenheiten, die von der

Schulaufsichtsbehörde zu berufenden technischen Mitglieder (Schulaufsichtsbeamten, Geistliche, Lehrer, Aerzte) hinzutreten." Es ward als dem Kommunalprinzip entsprechend bezeichnet, daß der Gemeindevorsteher durch § 76 den Vorsitz übertragen erhalte. So die im vorjährigen Gesetzentwurfe festgestellte und bei der Kommissionsverhandlung vom Minister von Goßler eingehend vertheidigte damalige Regierungsansicht.

Diesen Bestimmungen des vorjährigen Entwurfes gegenüber wurde nun schon im vorigen Jahre bei der Kommissionsverhandlung von einer Seite beantragt, wenigstens bei konfessionell eingerichteten Schulen für die Schulen einer jeden Konfession besondere Schulvorstände zu bilden, bestehend aus dem betreffenden Ortsgeistlichen, dem Gemeindevorsteher, einem Mitgliede der Gemeindevertretung und mindestens zwei Vertretern der der betreffenden Konfession angehörigen Hausväter. Sowohl in Ost= wie in West=Preußen — wurde behauptet — hätten sich solche konfessionelle Schulvorstände beim Kommunalprinzip bewährt.

Demgegenüber behauptete der damalige Minister, daß die preußische Schulordnung von 1845 einen konfessionellen Schulvorstand gar nicht kenne. Nach § 21 derselben gehöre zum Schulvorstande zwar der Geistliche des Kirchspiels, aber nur als Lokalschulinspektor, und führe er in dem Schulvorstande auch nur in Abwesenheit des Patrons der Schule den Vorsitz. Hinsichtlich der Familienväter, welche von der Gemeinde in den Schulvorstand zu wählen wären, sei nicht gesetzlich bestimmt, daß dieselben derjenigen Konfession angehören müßten, deren Charakter die Schule trage. Es wären in den erwähnten Provinzen auch nicht überall besondere Schulvorstände für die verschiedenen Konfessionsschulen gebildet worden, sondern es existirten auch gemeinsame Schulvorstände für die Schulen beider Konfessionen. Schwierig würden diese Verhältnisse ja überhaupt erst, wenn eine Gemeinde oder ein Schulverband eine Mehrzahl von Schulen, und zwar verschiedener Konfession, zu unterhalten habe. Mithin auch aus den Verhältnissen im Gebiete der preußischen Schulordnung gehe hervor, daß sich ein konfessioneller Schulvorstand beim Kommunalprinzip nicht aufbauen lasse, sofern dasselbe berücksichtigt und der Schulvorstand sich in erster Reihe als Organ der Gemeinde zusammensetzen solle. Aus der Mitte der Kommission wurde dazu von einem Redner noch bemerkt, daß in den rheinischen Städten seinerzeit der Versuch gemacht wäre, besondere konfessionelle Schulvorstände einzurichten, daß man davon aber wieder habe zurückgehen müssen, weil sich schon nach wenigen Jahren zeigte, daß eine einheitliche Organisation des Volksschulwesens der betreffenden Städte dabei undurchführbar bliebe. Ebenso hob ein anderer Redner hervor, daß die Einrichtung von konfessionellen Schulvorständen auf dem Lande sehr häufig absolut undurchführbar sein werde. Insbesondere treffe dies für konfessionell gemischte Gegenden zu. So wären in Westpreußen vielfach die evangelischen Kirchspiele räumlich soweit ausgedehnt, daß es dem Geistlichen gar nicht möglich sei, bei allen Schulen seines Kirchspiels den Vorsitz im Schulvorstande zu übernehmen und die Geschäfte des Schulvorstandes in ausreichender Weise zu führen. In konfessionell gemischten Gegenden würde der konfessionelle Schulvorstand auch oft den Erwartungen nicht entsprechen, die man auf ihn setze. Gehörten beispielsweise, wie das in den westpreußischen Niederungen die Regel sei, die stimmberechtigten Gemeindemitglieder durchweg der evangelischen Konfession an, und es müßte in Rücksicht auf die katholische Bevölkerung der Gemeinde neben der evangelischen noch eine katholische Schule unterhalten werden, so wären zur Besetzung des Schulvorstandes nur Familienväter aus der Handwerkeroder Arbeiterbevölkerung vorhanden, die dem Geistlichen keine ausreichende Unterstützung bieten könnten, weil ihnen, selbst wenn sie sonst die erforderliche Kenntniß dazu besäßen, die Zeit und insbesondere auch jede Einwirkung auf die unterhaltungspflichtige Gemeinde fehle. Der Geistliche werde jedenfalls für die Schule seiner Konfession erfolgreicher wirken können, wenn er in einen Schulvorstand trete, der sich der Regel nach aus stimmberechtigten und einflußreicheren Mitgliedern der unterhaltungspflichtigen Gemeinde zusammensetze, wie dies bei Annahme der Regierungsvorlage der Fall sein dürfte.

Bei der darauf erfolgten Abstimmung ward der auf Einrichtung konfessioneller Sonderschulvorstände gerichtete Antrag abgelehnt und die Regierungsvorlage angenommen.

Für die Beibehaltung oder Einrichtung eines besonderen konfessionellen Schulvorstandes hatten sich eine Anzahl von Petitionen ausgesprochen, die insbesondere von evangelischen Geistlichen aus verschiedenen Landestheilen eingegangen waren; denselben stand aber eine nicht geringe Zahl von Petitionen gegenüber, in welchen evangelische, mit der Lokalschulinspektion betraute Geistliche für die Regierungsvorlage eintraten und es freudig begrüßten, daß ihnen durch dieselbe die Geschäftsführung für die äußeren Schulangelegenheiten genommen werden solle, die ihnen bisher das Amt eines Lokalschulinspektors sehr verleidet habe.

Ungeachtet dieser Sachlage und dieser Erwägungen hat nun der jetzt vorliegende Gesetzentwurf, das Kommunalprinzip bei Seite setzend, das im vorigen Jahre von der Regierung auf Grund der gemachten Erfahrung aufgegebene Konfessionsprinzip für die Bildung der Schulvorstände wieder aufgenommen und darnach seine Bestimmungen festgesetzt.

Nach § 71 dieses Gesetzentwurfes soll der Schulvorstand bestehen:
1. aus dem Ortsschulinspektor als Vorsitzenden.

Sofern der Ortsschulinspektor nicht zugleich der mit der Leitung des Religionsunterrichtes betraute Geistliche sein sollte, aus
2. dem mit der Leitung des Religionsunterrichtes betrauten und zum Besuch desselben befugten Geistlichen oder Religionsdiener;
3. einem der an der Schule definitiv angestellten, von der Kreis=(Stadt=)Schulbehörde dazu ernannten Lehrer;
4. aus sämmtlichen Vorstehern der zur Schule gehörigen Gemeinden (Gutsbezirke) beziehungsweise deren Vertretern;
5. aus mehreren und mindestens drei Mitgliedern, welche von den zur Schule gehörigen Hausvätern gewählt werden.

Für die Fälle, in denen der Ortsschulinspektor verhindert

ist, den Vorsitz zu führen, wählt der Schulvorstand einen Stellvertreter.

Zu dieser Neuordnung bemerkt die Begründung S. 45 nur das Folgende:

„Geht man aber weiter von dem Grundsatz der Konfessionalität der Volksschule aus, so muß dieser auch in der Verwaltung des inneren Lebens der Schule und in dem Aufbau der hierfür besonders gebildeten örtlichen Organe seinen bestimmten Ausdruck finden. Daraus folgt, daß im Allgemeinen für jede Schule ein besonderer Vorstand gebildet wird, in welchem der Staat durch den Schulinspektor, die Religionsgesellschaft durch den Geistlichen, die Schule durch den Lehrer, die Gemeindeangehörigen durch die von den Schulhausvätern besonders gewählten Mitglieder ihre Vertretung finden (§§ 70, 71). Nach den örtlichen Verhältnissen kann indes für mehrere Konfessionsschulen ein gemeinsamer Schulvorstand gebildet werden (§ 73). Es wird dies insbesondere in den großen Städten die Verwaltung erleichtern. Der Schulvorstand ist somit keine von der Gemeinde abgelöste Behörde, sondern hat Hand in Hand mit den Gemeindebehörden, welche die äußeren Schulangelegenheiten verwalten, die Interessen der Schule zu pflegen und zu fördern (§§ 68, 69 a. E.). Die wichtigeren Obliegenheiten des Schulvorstandes sind im § 69 näher bezeichnet."

Dieser Begründung der Bestimmungen des jetzigen Volksschulgesetz-Entwurfs ist darin zuzustimmen, dem Konfessionsprinzip entspricht die nun vorgeschlagene Bildung der Schulvorstände; aber dem Grundsatz staatlicher Schulaufsicht unter Betheiligung der bürgerlichen Gemeinden entspricht diese neue Ordnung nicht. Dem Hauptgrundsatze des staatlichen Schulwesens entsprechen die im vorjährigen Entwurf aus dem Kommunalprinzip gezogenen Folgerungen. Wir erleben auch hier wiederum ein wunderbares Beispiel der Wandelbarkeit preußischer Regierungsansichten. Eine Ordnung, welche die Regierung im vorigen Jahr unterstützt von der Kommissionsmehrheit des Abgeordnetenhauses aus guten Gründen für grundsätzlich verkehrt und für praktisch unausführbar erklärt hat, erklärt die Regierung in diesem Jahre, ohne die praktischen Gegengründe auch nur einer Widerlegung zu würdigen, für grundsätzlich richtig. Wir bleiben dabei, daß dieselbe grundsätzlich falsch ist, weil für ein Staatsschulwesen auch bei der Verwaltung und Aufsicht in den unteren Instanzen vorwiegend die Berücksichtigung des Kommunalprinzips und nicht vorwiegend die Berücksichtigung des Konfessionsprinzipes allein richtig sein kann. Wir halten die jetzt beliebte Umkehr des Richtigen für eine Benachtheiligung der staatlich = gemeindlichen Schulaufsicht zu Gunsten der kirchlichen Abhängigkeit des Volksschulwesens.

Die Begründungsschrift meint, bei dem vorgeschlagenen Schulvorstande sei der Staat durch den Schulinspektor, die Religionsgesellschaft durch den Geistlichen, die Schule durch den Lehrer, die Gemeindeorgane durch den Gemeindevorsteher, die Gemeindeangehörigen durch die von den Schulhausvätern besonders gewählten Mitglieder vertreten; so kämen alle bei dem Wohle der Schule Betheiligten gleichmäßig zu ihrem Rechte. Der Form nach mag dies so scheinen, dem Wesen nach wird es anders sein. Thatsächlich wird der Ortsschulinspektor in der Regel ein Geistlicher sein. Uebernimmt derselbe nicht selbst den Religionsunterricht, sondern ein andrer Geistlicher, was ja überall zu machen ist, wo sich zwei Geistliche vorfinden, so tritt ein zweiter Geistlicher in den Schulvorstand ein. Auf die Wahl der zu wählenden Hausväter wie ebenso auf die Wahl des nach dem Entwurf von der Kirche abhängigen Lehrers werden diese beiden Geistlichen schon den entsprechenden Einfluß auszuüben wissen. Der nicht zum Vorsitz berufene Gemeindevorsteher wird sich in solcher Lage diesem Einflusse auch schwer entziehen können. In solchem Vorstande muß also das Konfessionsinteresse jederzeit das Gemeindeinteresse überwiegen.

Und dem konfessionell derart zusammengesetzten Schulvorstande überträgt der § 69, 11 des Entwurfs nun noch neu eine äußerst wichtige Mitwirkung bei der Ueberwachung des Schulbesuches und bei Feststellung und Bestrafung der Schulversäumnisse nach Ordnung des § 87, welcher vorschreibt:

„Der Schulvorstand hat die Fälle einer Versäumniß des Unterrichts zu prüfen und die Strafe nach Ausschluß der Fälle, welche er nach dem Ergebniß seiner Ermittelungen im Einverständniß mit dem Ortsschulinspektor für entschuldigt erachtet, durch Beschluß festzusetzen. — Gegen die Festsetzung des Schulvorstandes steht sowohl dem Beschuldigten wie dem Ortsschulinspektor binnen zehn Tagen die Berufung an die Kreis-(Stadt-)Schulbehörde zu. Der Beschluß derselben ist endgültig. — Die rechtskräftig gewordenen Beschlüsse sind von dem Vorsteher derjenigen Gemeinde (Gutsbezirk), in welcher der Bestrafte wohnt, zu vollstrecken."

Und ungeachtet der vielen und schweren in den letzten Jahren angestellten Erwägungen über diese oder eine andere bisher geltende Ordnung der Bestrafung der Schulversäumnisse hat die Begründungsschrift für diese Neuordnung zu § 87 nur das kurze Rechtfertigungswort: „Der § 87 setzt fest, daß die Straffälle durch den Schulvorstand zu prüfen sind und daß dieser die Strafe festzusetzen hat. Gegen unzulässige Milde des Schulvorstandes schützt die maßgebliche Mitwirkung des Ortsschulinspektors und die ihm beigelegte Befugniß der Beschwerde an die Kreisschulbehörde." — Auch im Abgeordnetenhause hat der Minister in der Sitzung vom 25. Januar nur gesagt, er halte gerade diese bestrittene Umänderung des bisherigen Strafrechtes in das Ordnungsstrafrecht, diese Uebertragung des Strafrechtes an den Schulvorstand für eine ganz wesentliche Besserung und glaube insbesondere, daß sie das Zusammenleben von Schule und Gemeinde, von Schule und Eltern fördern werde, anstatt es, wie besorgt sei, zu hindern.

Nach dieser Aenderung wird also im Wesentlichen der Schutz der Schulpflicht wiederum in der Regel bei dem Ortsgeistlichen und den Hausvätern zu suchen sein.

Wir halten diese Neuordnung für äußerst bedenklich. Auf der vierzehnten Hauptversammlung des liberalen Schulvereins zu Köln am 18. November 1888 haben wir bei der Verhandlung über „die Abgrenzung der Schulpflicht" darauf hingewiesen[11], wie groß schon seit langer Zeit in gewissen Kreisen der Geistlichen und der Hausväter die Neigung ist, an der staatlichen

Schulpflicht so viel wie möglich abzubröckeln und über die Schulversäumnisse so milde wie möglich zu urtheilen. Von dem starken Vorhandensein dieser Neigung hat in derselben Sitzung des Abgeordnetenhauses sofort der Abgeordnete Reichensperger offenes Zeugniß abgelegt, indem er zu Gunsten der Verwendung der Kinder bei nöthigen Hülfsleistungen in der Wirthschaft, zum Nebenerwerb der Eltern, zur Erleichterung des allgemeinen Arbeitermangels, namentlich in den östlichen Provinzen wenigstens auf dem flachen Lande, die Schulpflicht um ein Jahr herabgemindert haben wollte. Auch von der Seite ward diese Abkürzung der Schulpflicht noch empfohlen, daß dadurch mehr Schulräume frei und die Finanzkräfte der Gemeinden minder angespannt würden. Natürlich entsprach dieser Abänderung auch eine Herabsetzung der an die Volksschule zu stellenden Bildungsansprüche. Vaterländische Geschichte, Geographie, Naturkunde, Zeichnen erschienen nur als recht schöne Dinge, aber trotzdem nicht blos als ein überflüssiger falscher Luxus, sondern sogar als die allergrößten Gefahren für die Gesammtheit, für den Staat in ihrem Schoße tragend. Solcher Stimmung entsprechend hat sich auch die Kölnische Volkszeitung Nr. 98 vom 19. Februar sofort beeifert in einem Leitartikel: „Die Schulpflicht und die Bestrafung der Schulversäumnisse nach dem Entwurf des Volksschulgesetzes" ihre schon alten Wünsche in Betreff gelegentlicher Kürzung und Ermäßigung der Schulpflichtsforderungen wieder zum Ausdruck zu bringen. — Wir rufen mit ihr aus: alte Bekannte! und sind überzeugt, daß wir diesen alten Bekannten hinfort noch recht oft begegnen werden, bis sie aus Ziel ihrer Wünsche gelangt sind, Abminderung der Schulpflicht und dem entsprechend Herabsetzung des Bildungszieles der Volksschule.

Graf Zedlitz hat erklärt, daß sein Gesetz solcher Entwicklung nicht Vorschub leisten solle. In der Sitzung vom 26. Januar erklärte derselbe, er habe gestern mit Bedauern gehört, was der Abgeordnete Reichensperger über den Umfang und die Bedeutung der schulplanmäßigen Gegenstände gesagt habe; er stimme nicht mit ihm überein; er stehe vielmehr in dieser Beziehung durchaus auf dem Standpunkte des Abgeordneten Richter, der die Schule benutzt sehen wolle, um die Kinder selbstständig denken zu lehren, um Leute zu erziehen, die auf eigenen Füßen die Schwierigkeiten des heutigen Lebens zu überwinden geeignet seien. Er werde sich freuen, wenn dieser Standpunkt von der Lehrerwelt mit derselben Treue festgehalten und verfochten werde, wie sie es bisher gethan habe. Wir sind überzeugt, daß dies der Wille des Ministers ist; aber wir glauben nicht, daß der Minister mit Recht bestreiten kann, das von ihm vorgelegte Schulgesetz könne in dieser Beziehung irgendwie beschränkend wirken. Wir behaupten vielmehr, daß es so wirken muß, weil es durch seine Schulvorstandsbestimmungen den alt bekannten stark vorhandenen Volksstimmungen auf Herabminderung der Schulpflicht unter Voraussetzung der Herabminderung der Bildungsziele Vorschub leistet. Gegen den eigenen Willen wird der Gesetzgeber auf dieser schiefen Ebene weiter abwärts getrieben werden.

So giebt dieses Gesetz auch Anlaß an dieser Grundsäule des preußischen Schulwesens, an der Schulpflicht, zu rütteln und abzubröckeln, anstatt auf ihr weiter zu bauen.

Die Dauer der Schulpflicht hat nicht blos, wie die Kölnische Volkszeitung und ihre Gesinnungsgenossen darzustellen belieben, mit dem Erwerb einer bestimmten Summe von Kenntnissen zu thun, so daß die Kinder je nach Erwerb derselben auch wohl früher zu entlassen seien, sondern sie soll vor Allem auch einer gewissen sittlichen Ausreifung dienen, wozu Jahre gehören. Die Kinder sollen eben nicht in zu frühem Lebensalter auf die unruhigen Wogen des öffentlichen Lebens hinausgeworfen werden. Ein Jahr guter Schulzucht mehr ist für die Kinder wichtiger als die um ein Jahr frühere Ausnutzung ihrer Kraft im Dienste des praktischen Lebens. Wir gehen sogar mit unserer Forderung in dieser Richtung weiter vorwärts und haben schon längst eine strengere Erweiterung der Fortbildungsschulpflicht als eine nothwendige Ergänzung der mit der Aufhebung der Zunftzwangsverhältnisse auch für die Zucht der Jugend gewährten größeren Freiheit angesehen und uns die zunehmende Zuchtlosigkeit der älteren Jugend wesentlich mit aus den erziehlichen Unterlassungssünden in dieser Richtung erklärt[12]). Manche Kantone der Schweiz, auch manche Staaten in Deutschland sind uns auf diesem Gebiete der Gesetzgebung für das Fortbildungs= schulwesen rühmlichst vorangegangen. Vorwärts in dieser Rich= tung liegt der richtige Weg, nicht rückwärts.

Gewiß ist der Minister nicht gewillt in dieser Richtung rückwärts zu gehen, aber sein Gesetz drängt rückwärts. Daß diesem Drange nicht nach= gegeben wird, soll in seinem Sinne die höhere staatliche Schulaufsicht verhindern.

Aber ein wie stark geistliches Gewand trägt doch auch diese höhere staatliche Schulaufsicht noch! Wie viele Geist= liche sind doch bei der Kreisschulinspektion noch betheiligt, betheiligt besonders im Nebenamte[13])! Und wie stark ist doch immer noch in den Kreisen der zur Zeit herrschenden Parteien das Drän= gen nach noch stärkerer Konfessionalisirung auch dieser rein staatlichen Schulaufsicht!

Noch in der Sitzung des Abgeordnetenhauses vom 28. Januar hat der Zentrums=Abgeordnete Dr. Porsch die bezüg= lichen Forderungen wiederholt. Derselbe hat auf die Resolution der evangelischen Generalsynode hingewiesen, welche der Abgeordnete Stöcker im Hause schon verlesen habe. Auch auf die zu Bielefeld gefaßten Beschlüsse des evangeli= schen Schulkongresses hat derselbe aufmerksam gemacht, deren achter lautet:

„Die Kreisschulinspektion im Hauptamt muß konfessionell gesondert bleiben und darf nur solchen Persönlichkeiten über= tragen werden, die auf dem Boden des Bekenntnisses ihrer Kirche stehen."

Daß diese Forderung auch zu den alten Forderungen der Zentrumspartei gehört, ist hinreichend bekannt; dieselbe ist oft und laut genug wiederholt worden.

Graf Zedlitz hat nun diesen Forderungen gegenüber in derselben Sitzung erklärt:

„Die Schulaufsicht ist ein staatliches Amt; der, welcher sie führt, führt sie im Auftrage des Staates. Damit ist gegeben, daß dieselben Grundsätze, welche für staatliche Beauftragungen und Beamtenstellungen maßgebend sind, auch für diese Aufsicht maßgebend sein müssen. Demgemäß kann meines Erachtens die Forderung, die Schulaufsicht in allen Beziehungen und namentlich auch in der Kreisschulinspektion überall konfessionell zu gestalten, niemals gesetzliches Recht werden; sie ist auch thatsächlich garnicht durchführbar, und ich würde jedem der Herren Abgeordneten, der mich mit seinem Besuche beehren will, in dieser Beziehung aus den einzelnen Distrikten sofort nach statistischen Nachrichten zweifellos nachweisen können, daß diese Forderung in Preußen undurchführbar ist, ganz abgesehen davon, daß sie prinzipiell für die Regierung — nach meiner Auffassung wenigstens — nicht acceptabel sein würde. Das schließt ja selbstverständlich nicht aus, daß man in vielen Fällen, wie dies auch jetzt schon immer geschehen ist, die Schule so gruppirt und unter solche Kreisschulinspektionen stellt, wie dies auch den konfessionellen Verhältnissen am meisten entspricht."

Diese Antwort des Ministers stellt ein unbedingtes Nein nur der Forderung entgegen, daß der Konfessionalismus bei der Besetzung des Kreisschulinspektorates zum überall Ausschlag gebenden Maßstab gemacht werde; dieselbe baut aber zugleich Dem eine goldene Brücke, daß dieser Forderung möglichst, d. h. nach jetzt beliebter Auffassung allmählig immer mehr und mehr Rechnung getragen wird. Wie weit dies noch gehen mag? — wer kann das sagen.

Der Minister erklärt daran fest zu halten, daß die Schulaufsicht ein staatliches Amt sei. Gewiß ist dies der Wille der Regierung. Wer aber könnte uns verdenken, wenn wir nach dem häufigen — bis hierher und nicht weiter — antworten möchten: die Botschaft höre ich wohl, allein mir fehlt der Glaube?

Der Wille kann bleiben, aber auch in der Ausführung desselben kann das staatliche Schulaufsichtsamt immer mehr und mehr in geistliche Abhängigkeit gerathen. Das in diesem Gesetzentwurf betretene Konfessionsprinzip treibt folgerichtig auch in dieser Richtung weiter und

untergräbt schließlich thatsächlich dann auch das Hoheitsrecht der staatlichen Schulaufsicht. Damit wären wir denn am Ende des Staatsschulwesens angelangt.

Wir wollen mit unserer Betrachtung des Volksschulgesetz-Entwurfes rücksichtlich seines überspannten Konfessionalismus und seiner ungenügenden Begrenzung der Unterrichtsfreiheit abschließen, obgleich über den ersten Punkt namentlich in Betreff der Lehrerbildung noch Manches zu sagen wäre. Die Hauptsache ist gesagt, um darzuthun, wie sehr es sich hier um einen Kampf entgegenstehender Grundsätze handelt, deren Grundlage die zwei verschiedenen Weltanschauungen der alten und der neuen Zeit bilden.

Vergegenwärtigen wir uns diesen Gegensatz noch einmal in der knappen Schlußfolgerung des Reichskanzlers Grafen Caprivi und in der kurzen Zusammenfassung der Ergebnisse unserer Betrachtung.

Graf Caprivi stellte in der Abgeordnetenhaussitzung vom 22. Januar d. J. folgende Schlußfolgerung auf:

„Wir stehen einer Entwickelung von Kräften im Innern des Staates gegenüber, — gegen die wir alle Mittel zusammen nehmen müssen.

Daß zu den wesentlichsten Mitteln dieser Bewegung gegenüber die Schule gehört, ist keine Frage. Daß aber die Schule auch gerade von diesem speziellen Gesichtspunkte aus der Religion nicht entbehren kann, wenn sie ihre Aufgabe erfüllen soll, ist eben so sicher.

Braucht die Schule die Religion, so wird für die überwiegende Mehrzahl aller Preußen keine Frage sein, daß die Schule das Christenthum braucht. Braucht die Schule aber das Christenthum, so kann sie es nicht ergreifen und erfassen ohne Konfessionen.

Braucht die Schule Konfessionen, so braucht die Schule den Zusammenhang mit den Kirchen, von welchen die Konfessionen ausgehen und gesandt werden.

Es scheint mir das eine logische Schlußfolgerung zu sein, gegen die garnichts einzuwenden ist. Es kann ja um das Maß gestritten werden; — aber diese Grundsätze sind nach meiner Ueberzeugung nicht aus der Welt zu schaffen. Ich habe in einem Blatt, welches vielleicht über die freisinnige Partei noch etwas hinausgeht, eine ebenso konsequente Deduktion gefunden, die aber dazu kam: Machen Sie die Schulen religionslos! — Wenn Sie das machen wollen, dann verstehe ich die generellen Angriffe, die von dieser Seite gegen den Entwurf gerichtet worden sind."

Diese Schlußfolgerung des Reichskanzlers erscheint auf den ersten Blick ungemein einfach und überzeugend; genau besehen enthält sie aber doch mehr eine Logik der Worte als der Sachen. Gewiß, wir haben die im Innern unseres Staatslebens gährenden Kräfte der Sozialdemokratie mit allen zulässigen und dienlichen Mitteln des Geistes und der Gesetze zu bekämpfen, aber die Sozialdemokratie ist sicher nicht die einzige dem inneren Frieden und der inneren Kraft unseres Staatslebens drohende Macht. Wir kennen von alter Zeit her noch andere bedrohliche Mächte, und finden keinen Grund diese Mächte zu stärken, um jene Macht zu bekämpfen. Zu den geistigen Mitteln der Bekämpfung der Macht der Sozialdemokratie gehört gewiß eine bessere Volksbildung, aber die im Kindesalter nur vorbereitende Volksschule kann dazu nur Geringes beitragen, Größeres dagegen die spätere Fortbildungsschule, von welcher im vorliegenden Gesetze gar nicht die Rede ist. Gewiß kann zu dieser Macht echter Volksbildung auch die Erziehung zu wahrer, tief empfundener Religion einen werthvollen Beitrag liefern, aber der Staat muß diesen Beitrag aus der Hand des Judenthums ebenso gut annehmen, wie aus der Hand des Christenthums. Ob aber der unterschiedlich streng oder gar überspannt konfessionell christliche Religionsunterricht der Schulen dafür das Beste zu bieten im Stande ist, gerade dies ist nach der bisherigen, aus dem geltenden derartigen Unterricht geschöpften Erfahrung mehr als zweifelhaft. Das Christenthum erscheint allerdings formell gefaßt in verschiedenen konfessionellen Bekenntnissen, aber unter dem Namen der besonderen Konfessionsbekenntnisse sammeln sich recht viele Geister verschiedener Denkungsart und Richtung, die geneigt sind auch unter verschiedenem Bekenntniß sich als Christen gemeinsam zu fühlen und als Christen gemeinsam zu denken. Diese Gemeinschaft stört man durch Ueberspannen einseitiger Bekenntnißfassung und gerade die Pflege dieses Gemeinschaftlichen taugt am besten für die Erziehung der Kinderseelen.

Aus solcher Gesinnung heraus sind die Worte des Kaisers zu verstehen, welche im November 1890 beim Grafen Caprivi gesprochen wurden: „Die Glaubenslehre darf die praktischen und ethischen Aufgaben nicht überwuchern." — Aus ihr muß in der Kabinetsordre für den Unterricht in den Kadettenkorps vom 13. Februar 1890 die Weisung erflossen sein: „In dem Religionsunterrichte ist die ethische Seite hervorzuheben."

Die zugespitzte konfessionalistische Regelung des vorliegenden Gesetzentwurfes wird in entgegengesetzter Richtung weiter treiben.

Der Schlußfolgerung des Grafen Caprivi stellt unsere Betrachtung nun eine andere, nach meiner Ansicht inhaltlich begründetere Schlußfolgerung als zusammengefaßtes Ergebniß, wie folgt, entgegen:

„Schulen sind Veranstaltungen des Staates, als solche müssen die Volksschulen bürgerliche Gemeindeschulen sein.

Sind die Schulen Veranstaltungen des Staates, so müssen alle Schulen allen Kindern des Volkes ohne Unterschied der Religion oder Konfession zugänglich und demgemäß religiös oder konfessionell so eingerichtet sein, daß dies möglich ist. Dieser Forderung entsprechen am besten Schulen mit gemeinsamem weltlichem und getrenntem religiösen Unterrichte.

Bei religiös stark gemischtem Schülerbestande müssen die Staatsschulen aus pädagogischen und finanziellen Gründen simultan sein. Ob das Eine oder das Andere zutrifft, hat der bürgerliche Gemeindevorstand unter Aufsicht der betreffenden Staatsbehörde zu entscheiden.

Der Religionsunterricht in der Staatsschule, mag dieselbe Konfessionsschule oder Simultanschule sein, kann nur ein auf den besonderen kirchlichen Unterricht vorbereitender sein. Bei der Leitung desselben, sofern er konfessionell ist, steht der betreffenden Religionsgesellschaft eine Mitwirkung zu, aber keine Mitherrschaft. Das Entscheidungswort in Streitfällen muß der Staatsbehörde verbleiben. Fordert die Kirche eine Umkehr dieses Verhältnisses, fordert sie das letzte Wort; so bleibt dem Staate nichts anderes übrig, als den besonderen Religionsunterricht ganz der Kirche zu überlassen und sich in den Staatsschulen mit einer allgemein religiös sittlichen Unterweisung zu begnügen zur Vorbereitung auf den konfessionell kirchlichen Religionsunterricht.

Zur Befriedigung der mit solcher Lösung Unzufriedenen und zur Sicherung einer freieren pädagogischen Bewegung überhaupt kann der Staat eine gesetzlich begrenzte Schulfreiheit gewähren. Diese Begrenzung muß derart sein, daß sie eine mißbräuchliche Ausnutzung der Schulfreiheit hindert, welche den Grundsatz des Staatsschulwesens aufhebt — Schulen sind Veranstaltungen des Staates.

Zur Durchführung dieser Grundsätze bedarf es vor Allem einer rein staatlichen und fachmännischen Schulaufsicht."

So stehen einander die aus ganz verschiedener Weltanschauung gezogenen Folgerungen scharf gegenüber. Was soll nun werden?

Gerade weil es sich hier um den Streit grundsätzlich unterschiedener Weltanschauungen handelt, vermag ich nicht einen Ausgleich für möglich zu halten. Die eine oder die andere Seite muß siegen, ein Kompromiß scheint mir diesmal unmöglich. Die jetzigen Leiter unserer Regierung stellen sich als Männer von festen und wohlerwogenen Grundsätzen dar, deren Durchführung nach ihrer Ueberzeugung zum Heile unseres Volks als unbedingt nothwendig gilt. Es ist mir undenkbar, daß dieselben wesentlichen Aenderungen des vorgelegten Schulgesetzes zustimmen können. Ebenso undenkbar aber scheint mir, daß ohne solche Aenderungen die liberalen Parteien ihrerseits dem Gesetze zustimmen werden. Das Schulgesetz würde dann nur mit einer kleinen Mehrheit angenommen werden können. Es ist möglich, daß die Regierung unter solchen Umständen lieber auf ein Schulgesetz verzichten möchte, und den schon geäußerten Wünschen vieler liberalen Kreise im Lande würde ja ein solcher Ausgang entsprechen. Schwere Bedenken stehen aber auch solcher Wendung der Dinge entgegen.

Auf dem Gebiete des Schulwesens harren bei uns schon lange gar manche Verhältnisse dringend einer gesetzlichen Regelung. Von vielen Seiten wird namentlich mit besonderem Nachdruck auf die Regelung der Dotationsverhältnisse der Lehrer hingewiesen. Diese Noth läßt sich auch gewiß nicht in Abrede stellen. Aber klar ist doch, daß bei solcher Regelung den Gemeinden Pflichten auferlegt werden müssen, welchen Rechte entsprechen müssen. Die volle, genügende Lösung vieler damit in Verbindung stehenden Fragen muß über den engeren Rahmen eines Dotationsgesetzes hinaus auf den weiteren Zusammenhang eines Unterrichtsgesetzes nothwendig hinweisen. Es mag sein, daß man gezwungen von solchem Zusammenhange absehen kann, aber ohne Nachtheile jedenfalls nicht. Gar leicht könnte sogar durch solche begrenzte Regelung die später doch nothwendige weitere Ordnung des Schulwesens in verderbliche Bahnen gelenkt werden, auf denen es dann immer schwerer würde, die Verhältnisse der Volksschule dem Art. 24 unserer Verfassung entsprechend zu ordnen. Gewiß ist gerade hier eine gesetzliche Regelung für die Lehrerwelt besonders dringlich und wünschenswerth, aber doch hat unsere Lehrerwelt noch so viel Idealismus, daß ihr an einer sachgemäßen inneren Befreiung noch mehr liegt, als an einer äußeren Besserung ihrer Lage. Sie empfindet es fast als eine Demüthigung, wenn man glaubt ihr jetzt das Letztere bieten zu müssen gewissermaßen als Ersatz für das ausbleibende Erste. Sie legt Gewicht auf den Zusammenhang des äußerlich und innerlich Nothwendigen.

Die Einzelprobleme des Unterrichtswesens hängen überall zu eng miteinander zusammen, um herausgerissen aus dem Zusammenhang genügend gelöst werden zu können. Wir würden die jetzt vorgelegten Paragraphen über die Unterrichtsfreiheit

auch vielleicht ruhiger beurtheilen, wenn wir zugleich ersehen
könnten, welche Tragweite ihnen in dem Zusammenhange eines
ganzen Unterrichtsgesetzes gegeben wäre. Das vielfach jetzt aus
Noth empfohlene Fortschreiten durch Partikulargesetzgebung auf
dem Boden des Unterrichtswesens habe ich daher schon wieder=
holt als schädlich bekämpft, es trägt nur zu leicht dazu bei, die
richtige Fortentwickelung zu verwirren und dann hinterher in
falsche Bahnen geradezu hineinzuzwingen.

Nun wohl, wird man sagen, dann lassen wir es einst=
weilen bei der üblichen Verwaltungspraxis, bei welcher wir uns
bisher doch leidlich wohl befunden haben! — Dies Wohlbefinden
scheint mir äußerst bestreitbar. Die übliche Verwaltungspraxis
ist der Natur der Sache nach eine oft wechselnde Verwaltungs=
praxis gewesen und wird es bleiben; fast nichts aber ist für
das Schulwesen nachtheiliger, als die daraus sich ergebende Un=
sicherheit und Unruhe. Solch Verfahren vermehrt nur den
mannichfaltig unterschiedenen Stoff, aus welchem dann jeder
zukünftige Minister nach seinem Belieben das ihm Passende zu
einer gesetzlichen Kodifikation heraussuchen wird. Inzwischen
weiß Niemand, was Rechtens ist.

Im Augenblicke aber — sagen Manche — ist eine solche
gesetzliche Regelung in großem Stile unmöglich, weil die Leiden=
schaften zu stark erregt sind und daher die ruhige Sammlung
und Besonnenheit zur Lösung eines so wichtigen Problems, wie
ein Schulgesetz ist, fehlt. Das mag sein, wenn man diesen
Augenblick begrenzt und nicht vergißt, daß diese Erregung der
Geister eben nur durch die Vorlage dieses Gesetzentwurfes
heraufbeschworen ist. Der Schulgesetzentwurf des vorigen Jahres
wäre nach den Kommissionsverhandlungen ohne solche Erregung
der Geister angenommen worden. Keine Partei war mit dem=
selben ganz zufrieden, eine jede gab von ihren Wünschen und
Ansprüchen etwas preis, die eine mehr die andere weniger, der
Grad der Befriedigung oder Nichtbefriedigung hinterher wäre
daher natürlich ein verschiedener geblieben; aber man hätte mit
diesem Kompromißgesetz doch in Ruhe fortwirken können, ohne
die Besorgniß haben zu müssen, daß nach einer Richtung die
Entwickelung einseitig verbaut sei. Ein solcher Zustand kann

bei einer zeitgemäßen Vorlage jederzeit wieder eintreten, nur im erregten Augenblick wird daran nicht zu denken sein. Man mag daher im günstigsten Fall den Gesetzentwurf jetzt zurückziehen, aber soll darum doch den Gedanken an eine allgemeine gesetzliche Regelung nicht aufgeben oder nicht für ferne bessere Zeiten vertagen. Solche Zeiten werden von selbst nicht kommen und je länger man mit der nothwendigen gesetzlichen Regelung des Schulwesens wartet, um so schwerer verwickeln und verwirren sich die Dinge, um so schärfer entwickeln sich die Gegensätze und um so leidenschaftlicher steigern sich die gegensätzlichen Ansprüche. Wir bedürfen dringend der Ruhe einer gesetzlichen Ordnung auf diesem Gebiete.

Wenn dann abermals an eine solche Regelung herangetreten wird, kann aber der richtige Leitsatz für eine solche gewiß nicht kurzweg in der Kodifikation des Bestehenden, des seit hundert Jahren Geltenden gesucht werden. Die Rechtfertigung eines Gesetzes nach solchem Gesichtspunkt klingt wie die jesuitische Rechtfertigung der vor dreihundert Jahren festgestellten ratio studiorum, dieselbe habe sich bewährt und bedürfe daher keiner wesentlichen Aenderung. Was dreihundert, und in unserer raschlebigen Zeit auch schon, was hundert Jahre alt ist, genügt nicht mehr ohne weiteres als Gesetz für die Zukunft. Die Aufgabe einer neuen Gesetzgebung kann daher doch nur diese sein, auf Grund der Erfahrungsthatsachen ein Gesetz zu geben, das die Entwickelung der Zukunft erleichtert und fördert.

Ein solches Unterrichtsgesetz brauchen wir auch in Preußen und es ist gar kein Grund abzusehen, warum allein in Preußen unmöglich sein soll, was in vielen großen und kleinen Staaten Deutschlands längst ermöglicht worden ist[14]). Mögen auch andere große Aufgaben unserem Lande die Lösung dieser Aufgabe bisher mehr als anderen Ländern erschwert haben, bei rechtem Anfassen ist die Lösung sicher nicht unmöglich. **Preußens Stolz aber muß es sein, auch auf diesem Gebiete in Deutschland seinen geistigen Vorrang zu behaupten.**

Das Zurückbleiben oder gar das Zurückschreiten auf diesem Gebiete muß für Preußens Ansehen im Reich, für seine

bedeutsame Stellung zur deutschen Einheit von verhängniß=
vollster Wirkung sein.

Ueberall keimt schon jetzt in Deutschland die Sorge, ein
Rückschritt Preußens auf dem Gebiete der Schulordnung werde
auch das in andern deutschen Ländern schon Errungene bedro=
hen, jedenfalls neue Kämpfe um dasselbe nutzlos heraufbe=
schwören. Man stellt Vergleichungen an mit der Zeit, wo man
bei stärkerem Partikularismus solche Nachwirkungen weniger
zu besorgen brauchte. Wir hegen die Zuversicht, daß solche
Stärkung partikularistischer Stimmungen nicht zu einer Gefahr
für die errungene deutsche Einheit heranwachsen werde, aber
wir erkennen leider, daß sie in vielen und nicht in den schlech=
testen Kreisen des Reiches die Freude am deutschen Reiche trü=
ben. Gerade in den Reihen der besten und treuesten Freunde
des Reiches, in den Reihen der eifrigsten Mitbegründer wächst
wie nach 1817 eine Saat des Unmuthes auf über vergebliche
Anstrengung, welche die Neigung zum Zurückziehen aus dem
öffentlichen Leben stärkt.

Wir wollen dieser Stimmung nicht Raum geben und die
Hoffnung noch festhalten, unsere Regierung werde doch schließ=
lich keine Neigung haben, das Danaergeschenk eines solchen
Schulgesetzes aus der Hand einer winzigen Mehrheit derjenigen
Parteien entgegenzunehmen, welche lange die Reichsgründung
nicht unterstützten, das Wachsen des Reiches lange heftig be=
kämpften und sich mit dem Reiche nur aussöhnten, soweit es
ihren Sonderplänen diente.

Reiche — sagt man — werden erhalten nur durch die Kräfte,
welche sie gründeten und groß machten. Solche Kräfte sind
für Preußen in seiner zugleich deutschen Stellung die Staats=
schule und der die Gründung der deutschen Reichseinheit unter
Preußens Führung unterstützende gemäßigte Liberalismus.

Durch Annahme des vorgelegten Volksschulgesetzentwurfes
würde die Regierung die Einigung aller liberalen Parteien zu
einer geschlossenen Gegnerschaft nothwendig machen. Für den
gemäßigten Liberalismus wäre diese Nöthigung zur Gegner=
schaft schmerzlich, denn die Vertreter desselben finden ihre Freude
nicht in der Verneinung. Auch liegt ihre größere Kraft ent-

schieben mehr auf dem Wege der Unterstützung der Regierung, sobald dieser Weg der Weg des besonnenen ruhigen Fortschritts ist. Das Streben des Liberalismus in Deutschland kann aber nur dahin gerichtet sein, zum religiösen Frieden im Lande zu gelangen durch Freihaltung aller Gebiete des weltlichen Unterrichtes, des sozialen und politischen Lebens von kirchlichen Herrschaftsgelüsten. Hoffen wir, daß uns dies jetzt auf dem Gebiete des Volksschulwesens gelingt und daß es uns dann bald wieder vergönnt ist mit der Regierung Hand in Hand an dem geistigen Fortschritt unseres Volkes zu arbeiten.

Schriftennachweis.

Auf S. 5. 1) Monatsblatt des liberalen Schulvereins für Rheinland u. Westfalen. 10. Jahrg. 1892 Nr. 1. Vereinsbeiträge zur Vorbereitung eines Volksschulgesetzes.

„ „ 7. 2) Meyer, J. B. Religions-Bekenntniß u. Schule. Eine geschichtliche Darstellung u. Kritik. Berlin. Th. Chr. Fr. Enslin. 1863.
— Der Kampf um die Schule. Historisch-pädagog. Erörterungen über die Fragen: Staatsschule oder Kirchenschule? Religionsunterricht und Staatsschule. Bonn. E. Strauß. 1882.

„ „ 8. 3) — Friedrich des Großen Pädagog. Schriften u. Aeußerungen. Mit einer Abhandlung über Friedrichs des Großen Schulregiment nebst einer Samml. der hauptf. Schulreglements, Restr. u. Erlasse übers. u. herausg. von. (Bibliothek pädag. Klassiker) Langensalza. H. Beyer & S. 1885.

„ „ 12. 4) Monatsbl. d. lib. Schulv. Jahrg. 1. 1883. Die Kab.-Ordre v. 1821 u. das Min.-Restr. v. 1822 in Betreff der Simultanschulen. M.
M., Die Simultanschule (Deutsche Zeit- u. Streitfragen Jahrg. 8. Heft 127/128.) 1879.

„ „ 22. 5) Die Zahl der Simultanschulen stieg unter Falk's Leitung von 60 auf 442 bis 1879.

Auf S. 23. 6) Monatsbl. b. lib. Schulv. Jahrg. 2. 1884. Nr. 3/4. Betrachtungen zur Kultusetats-Verhandl. im Abgeordnetenhause. 1. Die Schulaufsicht. 2. Die Simultanschulen. 3. Die Fortbildungsschulen. M.

„ „ 23. 7) Dasf. Jahrg. 1. 1883. Nr. 4. Die gesetzliche Ordnung des Simultanschulwesens in Deutschland. M.

„ „ 23. 8) Dasf. Jahrg. 1. 1883. Nr. 4. Noch einmal die Schulaufsicht durch die Geistlichen. Dr. Br.

„ „ 32. 9) Verhandlungen des liber. Schulvereins über Windthorst's Schulantrag auf der 15. Hauptvers. zu Düsseldorf am 13. Januar 1889. — Kölnische Zeitung Nr. 207 u. 261. 1879. Das Kultur-Examen u. die Revision der Maigesetze. M.

„ „ 39. 10) Monatsbl. b. lib. Schulv. Jahrg. 3. 1885. Nr. 8. Das Verbot des Deharbe'schen Katechismus. M.

„ „ 58. 11) Verhandlungen der 14. Hauptvers. d. liber. Schulvereins über Abgrenzung der Schulpflicht, geh. zu Köln am 18. Nov. 1888.

„ „ 61. 12) Verhandlungen der 7. Hauptvers. d. liber. Schulvereins über „die angebliche sittliche Verwilderung der Jugend unserer Zeit und die behauptete Mitschuld der Schule an derselben", Referent J. B. M.

J. B. M., Die Fortbildungsschule in unserer Zeit. (Deutsche Zeit- u. Streitfragen. Jahrg. 2. Heft 19. 1873.)

„ „ 61. 13) Im J. 1889 war Preußen in 1186 Schulaufsichtsbezirke eingetheilt, von denen 240 im Hauptamte und 946 im Nebenamte verwaltet wurden. Der gegenwärtige Etat führt 228 ständige Kreisschulinspektoren auf, also noch nicht $1/5$ der Gesammtheit.

„ „ 69. 14) Zu vergl. bef. J. Tews, Der preuß. Schulgesetzentwurf im Lichte der deutschen Unterrichtsgesetzgebung. Im Auftrage des geschäftsf. Ausschusses des deutschen Lehrervereins. Leipzig u. Berlin. J. Klinkhardt. 1892.